CONFITURES A L'ANCIENNE

SUZANNE FONTENEAU

CONFITURES A L'ANCIENNE

Nouvelle édition

Éditions RUSTICA

ISBN : 2-84038-116-8
N° d'éditeur : 14314

SOMMAIRE

INTRODUCTION

Parmi toutes les préparations culinaires, celles qui, dans notre mémoire évoquent le plus grand nombre de souvenirs et les plus aimables images, sont sans conteste les confitures.
Ce mot charmant fait naître aussitôt le parfum des étés de notre enfance et revivre une vieille maison à la campagne, un grand-père revenant du jardin avec des paniers pleins de fruits, une grand-mère, un peu magicienne, devant sa bassine de cuivre où bouillonnent doucement d'odorants sirops. C'est aussi, dans le secret d'une chambre sombre, les pots transparents rangés soigneusement au-dessus d'une armoire, promesses de mille gourmandises...
Il faut avouer que rien n'est plus charmant que les confitures. Elles ont toutes les qualités. Elles sont faciles à réaliser, souvent très rapides à fabriquer, on peut les faire par petites quantités, pendant toute l'année, avec une multitude de fruits ou de plantes. On peut en inventer, les conserver de longs mois ou les déguster tout de suite. Elles font les délices des petits déjeuners, elles composent des desserts variés et succulents avec une brioche tiède, une galette friable ou des crêpes brûlantes. Elles se tartinent ou se savourent à la petite cuillère. Elles sont la joie des petits et le régal des grands en apportant toute l'année les parfums de l'été. Elles sont nourrissantes, énergétiques, très digestes. Je vous le dis, les confitures n'ont aucun défaut.

Ne croyez pas qu'il faille habiter la campagne pour se livrer aux joies des confitures. Souvent, sur les marchés des grandes villes, les fruits sont bien moins chers que dans les petits villages et mieux vaut mettre souvent en confiture un seul kilo de fruits en vingt minutes que de consacrer une journée à en préparer de grandes quantités.
Essayer une recette nouvelle de confiture, d'un fruit un peu rare ou d'un légume, et la faire déguster est un plaisir peu coûteux qu'il ne faut jamais se refuser. En effet, si les recettes classiques sont toujours délicieuses, il est amusant de sortir des sentiers battus. C'est pourquoi j'ai voulu mettre dans ce recueil des préparations négligées, oubliées ou inconnues. Vous verrez que les confitures réservent bien des surprises et beaucoup de satisfactions. Alors, vive les confitures !

L'art des confitures

La confiture est l'art de conserver par le sucre, fruits, légumes, tiges, racines, feuilles ou fleurs.
C'est dans le juste équilibre entre le temps de cuisson qui ne doit être ni trop poussé ni trop faible, et dans la proportion de sucre et de fruits que réside le secret de la réussite.
Entre la compote, de consommation immédiate, et le fruit confit qui réclame une expérience quasi professionnelle, il existe quatre sortes de confitures : les gelées, les marmelades, les confitures, les pâtes de fruits.
Les confitures réussies sont parfumées, d'un goût frais et subtil, d'une couleur franche et transparente.

Composition

La réussite des confitures, gelées et marmelades dépend de quatre éléments qui les composent : le sucre, les fruits ou autres produits, la pectine et l'acidité. Elle dépend ensuite de la cuisson et de la conservation.

Le sucre. C'est l'élément conservateur des confitures. Sa proportion doit être de 65 % environ, en tenant compte du sucre existant déjà dans les fruits.
Un grand nombre de recettes est calculé en pesant un poids égal de sucre et de fruits, parce qu'en principe ils contiennent 15 % de sucre. Cependant, certains fruits qui en sont très riches, réclament une moindre proportion.
Trop peu de sucre oblige à une cuisson prolongée qui retire aux fruits leur parfum, leur goût et leur couleur. Trop de sucre nuit à la bonne conservation des confitures.
Le sucre de canne et le sucre de betterave sont employés indifféremment pour la fabrication des confitures. Le résultat est exactement le même. Le sucre raffiné du commerce dit « sucre cristallisé » est généralement employé. En aucun cas, il ne faut utiliser des sucres contenant des gélifiants industriels. Il convient d'écarter également les sucres roux.
Certaines confitures, tout à fait particulières, sont faites au miel. Il s'agit de cas isolés. Les qualités du miel étant détruites par la cuisson, ces confitures n'ont aucun intérêt diététique particulier.
Enfin, certaines confitures sont faites sans apport de sucre, mais seulement avec celui contenu dans les fruits. Elles exigent une lente concentration du jus et donc, une grande quantité de fruits et un long temps de cuisson. Ces confitures, sans doute les plus anciennes, sont les « raisinés » et les « pommés », souvent délicieux mais longs à réaliser.

Les fruits, légumes, racines, tiges, feuilles et fleurs. Ils permettent de réaliser confitures, gelées ou marmelades. Les recettes sont innombrables et faisaient partie autrefois de la pharmacopée.
Quels que soient les produits utilisés, qu'il s'agisse de récoltes du jardin, de plantes sauvages ou de fruits venant du marché, ils doivent être toujours d'excellente qualité, sains, frais et de bel aspect.

Vous pouvez utiliser des fruits surgelés. Cependant leur emploi n'est valable que si vous possédez un congélateur qui permet d'ajourner la confection des confitures.

La pectine. C'est un principe neutre, contenu dans certains fruits et qui donne à leur suc de la viscosité. C'est là, la définition des dictionnaires.
La pectine est indispensable à la fabrication des gelées et donne aux marmelades et aux confitures leur consistance.
Sous l'action de la chaleur et des acides contenus dans les fruits, la pectine se prend en masse gélatineuse.
Certains fruits sont très riches en pectine (la groseille, la pomme, le coing) et peuvent servir de base à toutes sortes de gelées. D'autres (la poire, la cerise, la framboise) n'en possèdent pas ou peu et il convient de leur ajouter de la pomme ou de la groseille pour les gélifier.
Les zestes et les pépins d'orange contiennent aussi de la pectine.

L'acidité. Elle joue un rôle très important dans la confection des confitures puisqu'elle conditionne non seulement leur qualité mais aussi leur conservation.
L'acidité naturelle des fruits, sous l'action de la chaleur, transforme une partie du sucre en glucose, ce qui empêche le sirop de s'épaissir. Seule une cuisson prolongée excessivement permet d'obtenir la consistance désirée, mais au détriment du goût et du parfum. C'est pourquoi les fruits acides sont plongés dans un sirop de sucre déjà cuit, pendant un temps très court.
En revanche, les fruits ne contenant pas assez d'acides donnent des confitures qui « cristallisent » et deviennent trop fermes. Pour éviter cet inconvénient, ajoutez aux fruits du jus de citron ou de groseille, voire un peu de vinaigre de vin.

Le matériel

La fabrication des confitures réclame peu de matériels particuliers. Tous les ustensiles ménagers habituels seront utilisés : casseroles, couteaux, louches, passoires, verres, bols, planche à découper, râpe, presse-citron, dénoyauteur, ciseaux, spatules en bois,

etc. Le mixeur électrique et les robots modernes peuvent être également d'une grande utilité.
Cependant, il convient de mentionner les ustensiles principaux et indispensables.

La bassine à confitures. Par tradition, elle est en cuivre non étamé. Son volume doit être au moins du double de celui des confitures que l'on prépare.
Vous pouvez remplacer la bassine par un faitout en aluminium; cependant, grâce à sa large surface, la bassine permet d'obtenir une meilleure évaporation de l'eau des fruits.
N'employez jamais une bassine étamée, non seulement parce que l'étain dénature la couleur des fruits, mais sous l'action de la chaleur, l'étain se mélange au suc des fruits, ce qui est dangereux.

L'écumoire. Elle doit être en cuivre, en acier inoxydable ou en aluminium, mais parfaitement propre. Elle sert à remuer ou retirer les fruits, à enlever l'écume et à vérifier la cuisson du sucre.

Les terrines. Elles sont en terre vernissée, en verre, en matière plastique, mais jamais en métal. Il faut en avoir de plusieurs tailles pour la macération des fruits et pour recueillir les jus et les pulpes.

Le tamis de crin. Les tamis actuels sont tendus d'un filet de crin de nylon très solide. Le tamis sert à égoutter les fruits pour recueillir le jus et à passer certaines pulpes. Dans bien des cas, il peut être remplacé par une passoire fine, à pieds.

Le moulin à légumes. Avec son jeu de grilles, il est utilisé pour les marmelades et les gelées. Il peut être remplacé par le mixeur électrique.

Le thermomètre à sucre. Il remplace l'ancien «pèse-sirop» qui était d'un emploi difficile. Il permet de réussir la cuisson des sirops et de contrôler le degré de cuisson des confitures. Son prix est peu élevé.

La balance de cuisine. La balance ancienne à deux plateaux est très commode, mais les balances modernes, plus précises, sont bien entendu, excellentes.
Tout le matériel et tous les ustensiles employés pour la fabrication des confitures devront toujours être d'une propreté rigoureuse.

Cuisson du sucre. Tableau de correspondance

	Degré Baumé pèse-sirop	Densité au densimètre	Degré au thermomètre à sucre
La nappe Le sirop forme sur l'écumoire une couche assez mince.	20°	1,1699	100°
Le petit lissé ou filet Le sirop forme entre les doigts un petit filet qui se brise très vite.	25°	1,2095	102°
Le grand lissé ou grand filet Le filet de sirop s'étire sans se casser jusqu'à 3 cm.	30°	1,2624	103°
Le perlé Le filet ne se brise pas.	33°	1,2964	105°
Le grand perlé Il se forme de grosses perles à la surface du sirop.	35°	1,3199	107°
Le soufflé ou petite plume Si l'on souffle à travers l'écumoire le sirop se détache en bulles.	37°	—	109°
Le grand soufflé Les bulles sont plus grosses.	38°	—	112°
Le boulé ou petit boulé Le sucre se roule en boule molle.	39°	—	115°
Le grand boulé La boule est plus grosse et dure.	40°	—	121°
Le petit cassé Le sucre se casse net mais colle aux dents.	—	—	129°
Le grand cassé Le sucre se casse net sous la dent.	—	—	140°
Le caramel Le sucre, ayant perdu toute son eau, commence à brûler.	—	—	180°

La cuisson

On ne peut jamais indiquer un temps de cuisson précis pour les confitures. Il dépend en effet de trop d'éléments incontrôlables : la maturité des fruits, leur degré d'acidité et leur teneur en eau, le chauffage du fourneau et le matériel employé. Le seul moyen efficace de contrôler la cuisson des confitures est l'emploi du thermomètre à sucre.

Pour bien se conserver, la confiture doit contenir 65 % de sucre. Cette concentration est obtenue lorsque la confiture bout à 104-105°, c'est-à-dire lorsqu'elle atteint 31-33° au pèse-sirop.

L'utilisation du thermomètre à sucre est des plus faciles : il vous suffit de plonger son extrémité dans la confiture pour lire directement les degrés.

Cependant, pour contrôler le point idéal de cuisson, on a recours bien souvent à la méthode empirique, classique et excellente. Il suffit de déposer un peu de sirop sur une assiette froide, s'il se prend en gelée, s'il ne s'étale pas, la confiture est prête.

La cuisson du sucre

Un très grand nombre de confitures est fait par le procédé qui consiste à plonger directement les fruits dans un sirop de sucre cuit.

En mélangeant et en faisant fondre 500 g de sucre dans un décilitre d'eau, vous obtenez un sirop. Lorsque ce sirop est chauffé jusqu'à l'ébullition, il passe au cours de sa cuisson par différents degrés, se concentre et perd de sa fluidité. Ces différents degrés correspondent à des stades de cuisson qui donnent au sirop des aspects particuliers que l'on peut déterminer à la vue et au toucher. Il faut pour cela posséder une certaine expérience. Plus simplement, ces degrés sont contrôlés au thermomètre à sucre.

Les stades de cuisson du sucre portent des noms évocateurs qui font partie de la tradition. Le tableau (page 13) donne la correspondance des noms et des degrés.

Dans toutes les recettes de ce recueil, ce sont les degrés du thermomètre à sucre qui sont indiqués.

La mise en pots

Les pots à confitures. Les pots en verre classiques, vendus dans le commerce, sont les meilleurs. Il convient d'en posséder de plusieurs tailles, c'est-à-dire ayant une contenance de 250, 375 et 500 g. Pour les confitures faites en petites quantités, vous pouvez fort bien employer des pots de verre ayant contenu soit de la moutarde, du café soluble ou même des yaourts.
Vous pouvez aussi employer des pots de grès vernissés, souvent très décoratifs.

Préparation des pots. Les pots doivent toujours être parfaitement propres.
La confiture étant mise en pots aussitôt qu'elle est prête, afin que les récipients n'éclatent pas, il convient de les chauffer. Le plus simple est de les tremper dans de l'eau bouillante et de ne les essuyer qu'au dernier moment.

Remplissage des pots. Disposez les pots côte à côte, sur un plateau métallique, et puisez dans la bassine, retirée du feu, avec une petite louche en aluminium ou en argent. Versez une petite quantité de confiture dans chaque pot avant de les remplir à ras bord.
Si les fruits sont entiers, distribuez-les d'abord dans les pots que vous remplissez ensuite avec le sirop.
Aussitôt les pots remplis, à l'aide d'un linge humide ou d'une petite éponge, enlevez les bavures de sirop sur les bords et sur les côtés.

Couverture des pots. Il existe bien des méthodes pour couvrir les confitures. La plus simple est la meilleure.
Quelle que soit la méthode employée, les confitures et les marmelades doivent toujours être couvertes à chaud et les gelées à froid.
La feuille de cellophane est la meilleure couverture, car son emploi est très simple. Elle permet aussi de contrôler les confitures au cours de leur conservation. Vous trouverez dans le commerce des pochettes contenant à la fois les feuilles de cellophane découpées et des élastiques.
Il suffit de mouiller un seul côté de la feuille, d'appliquer le côté sec sur la surface du pot en le tendant bien en tous sens et de mettre

aussitôt un élastique autour du rebord du pot pour la retenir. Pour mémoire, vous pouvez couvrir les pots avec du papier sulfurisé enduit de glycérine, d'eau de vie, de lait ou de blanc d'œuf. Notez aussi la fermeture des pots à la paraffine et au saindoux.

Etiquetage des pots. Il est indispensable de poser sur chaque pot une étiquette (genre étiquette de cahier d'écolier), pour indiquer le nom du fruit et la date de la fabrication des confitures. Vous pouvez aussi noter le nom ou l'origine de la recette employée.

La conservation des confitures

La conservation des confitures réclame trois précautions importantes : fraîcheur, sécheresse et obscurité.
Il faut ranger les confitures à l'abri de l'humidité, de la chaleur et de la lumière. Placées dans de mauvaises conditions, elles peuvent connaître trois « maladies ».

Elles peuvent moisir. La surface du pot se couvre peu à peu de taches verdâtres et veloutées. Ce n'est pas grave. Retirez cette moisissure avec la pointe d'un couteau. Si de nombreux pots sont atteints, videz-les dans la bassine à confitures, ajoutez un peu d'eau tiède et recuire.

Elles peuvent fermenter. Si l'endroit est chaud et humide et si la confiture n'a pas été assez cuite, elle gonfle et fermente. Il faut alors la faire recuire comme s'il s'agissait d'une confiture nouvelle jusqu'à ce que le degré de cuisson soit obtenu.

Elles peuvent cristalliser. Si le lieu de rangement est trop chaud, si la confiture a été trop cuite ou si elle contient trop de sucre et pas assez d'acidité, une couche de sucre en cristaux se forme à la surface des pots. La consistance devient ferme, mais la confiture reste bonne. Pour faire disparaître les cristaux il suffit de verser au-dessus du pot un peu d'eau chaude.
Mais ces trois « maladies » ne provoquent aucune intoxication.
Enfin, sachez que les confitures ne doivent pas être conservées trop longtemps. Avec le temps, le sucre « recuit » et les fruits perdent leur arôme.

Les fruits de France

Voici les « grandes » confitures, gelées et marmelades des fruits de nos régions. Celles qui figurent dans tous les livres de cuisine, depuis le XVIIe siècle, et qui restent la base des réserves familiales.

Les fruits exotiques, même l'orange si familière aujourd'hui, étaient pratiquement inconnus il y a cent ans, sinon sur les tables princières.

En revanche, autrefois, les fruits sauvages et les plantes potagères étaient beaucoup plus utilisées en confitures que de nos jours.

Ces fruits, plantes et fleurs, sont décrits dans les autres chapitres.

ABRICOT

Parmi les très nombreuses variétés d'abricots, certaines comme le 'Polonais', le 'Comice de Toulon' ou abricot commun, sont particulièrement recherchées pour la confiture.
Les fruits doivent être bien mûrs, mais fermes, colorés et parfumés. C'est au mois de juillet que l'abricot est le plus abondant sur les marchés.

1 Confiture d'abricot en trois temps

1 kg de sucre pour 1 kg d'abricots dénoyautés.

1er temps : Laver les fruits soigneusement, les égoutter et les étaler sur un linge pour les sécher. Couper chaque fruit en deux et retirer le noyau. Peser la chair des fruits et la mettre à macérer dans une terrine avec le même poids de sucre cristallisé, en alternant une couche de fruit et une couche de sucre. Laisser reposer ainsi pendant vingt-quatre heures, dans un endroit frais.
2e temps : Verser les fruits macérés dans la bassine à confitures et faire chauffer en remuant régulièrement. Lorsque toute la surface de la confiture commence à bouillir franchement, attendre 3 minutes, la retirer du feu et la verser à nouveau dans la terrine. Laisser refroidir et reposer pendant vingt-quatre heures.
3e temps : Verser la confiture dans la bassine. Chauffer en remuant. Lorsque la confiture bout, attendre 5 minutes de cuisson à gros bouillons et retirer du feu.
Mettre en pots et couvrir aussitôt.

2 Confiture d'abricot en deux temps

800 g de sucre pour 1 kg d'abricots dénoyautés.

1er temps : Procéder comme dans le « 1er temps » de la recette précédente, mais faire macérer les fruits avec seulement 800 g de sucre.

2e temps : Après vingt-quatre heures de macération, verser les fruits dans la bassine à confitures. Chauffer vivement en remuant et cuire à grand feu pendant 20 minutes. A l'aide de l'écumoire retirer les fruits et en remplir les pots aux deux tiers. Faire recuire le sirop au « petit boulé » (115°) et achever le remplissage des pots. Couvrir aussitôt.

3 Confiture d'abricot au sirop

2 kg d'abricots dénoyautés, 1,500 kg de sucre, 3 dl d'eau, 2 citrons, 1 petit verre de kirsch.

Laver les fruits, les égoutter, enlever les noyaux.
Casser dix noyaux. Ebouillanter les amandes afin de retirer facilement la peau et les faire tremper dans un peu de kirsch.
Mettre dans la bassine à confitures le sucre et l'eau, faire chauffer pour cuire ce sirop au « petit boulé » (115°). Ecumer soigneusement. Plonger dans le sirop la moitié des abricots et les cuire de chaque côté, en les retournant avec l'écumoire. Lorsqu'ils sont devenus translucides, les retirer. Recommencer la même opération avec le reste des fruits.
Laisser le sirop sur le feu. Ajouter le jus des citrons et cuire à « la nappe » (100°). Verser alors les abricots et les amandes. Donner un bouillon. Retirer du feu. Mettre en pots et couvrir aussitôt.

4 Confiture d'abricot vert

Pour cette confiture fort ancienne, mais peu connue, utiliser soit les abricots tombés de l'arbre bien avant la maturité, soit les fruits dont on est obligé de soulager l'arbre surchargé. Il faut choisir les fruits avant que le bois du noyau soit à l'état solide.

2 kg d'abricots verts, 1,500 kg de sucre, 3 dl d'eau, 1 citron.

Laver les fruits et enlever le duvet en les frottant dans un gros torchon. Jeter les fruits dans une bassine d'eau froide et porter à ébullition. Faire bouillir jusqu'à ce que les fruits soient tendres. Les égoutter.

Dans la bassine à confitures mettre le sucre et l'eau. Cuire le sirop au « grand lissé » (103°), verser les fruits et laisser cuire en remuant pendant 30 minutes.
A l'aide de l'écumoire disposer les abricots dans les pots. Verser le jus de citron dans le sirop, donner un bouillon et remplir les pots. Couvrir aussitôt.

5 Confiture d'abricot sec

750 g d'abricots secs, 2 kg de sucre, 3 litres d'eau, 2 citrons.

Couper les abricots secs en deux. Les mettre dans une grande terrine avec l'eau tiède et les laisser regrossir pendant vingt-quatre heures.
Verser les abricots et l'eau dans la bassine à confitures.
Porter à ébullition et laisser cuire doucement pendant 30 minutes.
Ajouter alors le sucre et remuer jusqu'à ce qu'il soit parfaitement dissous. Verser le jus des citrons.
Dès que le sirop bout, maintenir la même température pendant 20 minutes.
Retirer les fruits avec l'écumoire. En remplir les pots aux trois-quarts. Donner encore un bouillon au sirop et achever le remplissage des pots. Couvrir aussitôt.

6 Marmelade d'abricot à la ménagère

Cette marmelade est précieuse en pâtisserie, pour garnir des gâteaux, fourrer des crêpes ou napper des tartes.

3 kg d'abricots dénoyautés, 2 kg de sucre, 2 verres d'eau.

Mettre en même temps dans la bassine à confitures les abricots dénoyautés, le sucre et l'eau. Faire bouillir en remuant très souvent et en écrasant peu à peu les fruits, de manière à obtenir une marmelade bien homogène. Ecumer de temps en temps. A mi-cuisson, ajouter les amandes de quelques noyaux, après les avoir ébouillantées pour en retirer la peau.

La marmelade est cuite lorsqu'elle est devenue translucide. Retirer du feu, mettre en pots et couvrir aussitôt.

7 Gelée d'abricot

2 kg d'abricots, 1,600 kg de sucre, 6 verres d'eau.

Choisir des abricots bien mûrs, juteux et sains. Les nettoyer soigneusement, les couper en deux, retirer les noyaux.
Mettre les fruits dans une grande casserole avec quatre verres d'eau et faire cuire à feu doux, en remuant, jusqu'à ce que les abricots soient réduits en purée. Retirer alors du feu et laisser tiédir.
Disposer le tamis de crin au-dessus d'une terrine et verser les abricots afin de laisser couler le jus. Remuer de temps en temps, mais ne pas écraser la pulpe. Laisser égoutter ainsi pendant trois heures.
Dans une casserole verser le sucre et l'eau, faire fondre en remuant à feu doux, ajouter alors le jus d'abricots et cuire à feu vif jusqu'à ce que le sirop soit à « la nappe » (100°).
Retirer alors la bassine du feu, écumer la gelée et la mettre aussitôt en pots.
Laisser complètement refroidir la gelée avant de couvrir les pots.
Avec la pulpe des abricots on fera la « pâte d'abricot » (recette n° 8).

8 Pâte d'abricot

Prévoir autant de sucre que de pulpe, en poids.

Peser la pulpe d'abricot, résultant de la préparation de la gelée (voir recette précédente), la mettre dans une casserole avec le même poids de sucre.
Faire cuire à feu doux en remuant constamment, jusqu'à ce que le mélange devienne épais au point de se détacher du fond de la casserole.
Etaler alors la pâte sur un marbre huilé en une couche épaisse de deux centimètres. Saupoudrer de sucre cristallisé et laisser refroidir au frais pendant quatre à cinq jours.

Découper alors la pâte en carrés et la conserver dans une boîte de fer blanc.

CASSIS

De toutes les variétés de cassis, le 'Royal de Naples' est le plus apprécié par les liquoristes et les confiseurs, mais il existe de nombreuses variétés, plus tardives qui permettent d'utiliser le cassis de la fin juillet au mois de septembre.

9 Gelée de cassis

3 verres d'eau pour 2 kg de fruits, 750 g de sucre par kg de jus.

Laver les cassis sans les égrener et les mettre dans une bassine avec l'eau. Faire chauffer. Lorsque l'ébullition commence, les fruits éclatent et donnent leur jus.
Placer le tamis de crin au-dessus d'une terrine et faire égoutter les cassis en pressant légèrement. Peser le jus ainsi obtenu, le verser dans la bassine à confitures et ajouter le sucre.

Les premières confitures

Les premières confitures ne furent faites ni au miel, ni au sucre, mais seulement à base de fruits et de jus de fruits, longuement concentrés. Les **raisinés** *et les* **pommés** *sont les plus anciennes confitures, à mi-chemin entre la marmelade et la pâte de fruits. Les confitures au miel et plus tard au sucre furent longtemps des mets raffinés réservés aux tables princières.*

Ajouter un verre d'eau et mettre sur le feu sans jamais cesser de remuer jusqu'à ce que le mélange, commençant à épaissir, atteingne le point de cuisson à « la nappe » (100°).
Mettre aussitôt en pots, sinon la gelée prendrait dans la bassine.
La gelée de cassis ne doit pas être cuite trop longtemps sinon elle aurait tendance à se cristalliser et perdrait beaucoup de sa saveur.

10 Gelée de cassis à l'ancienne

1 verre d'eau par kg de fruit, prévoir même poids de sucre que de jus.

Ecraser les baies de cassis à cru, sur un tamis de crin.
Peser le jus ainsi obtenu, ajouter l'eau et faire chauffer dans la bassine à confitures.
Dès que l'ébullution commence, verser d'un seul coup le même poids de sucre cristallisé que de jus.
Remuer vivement pour faire fondre le sucre.
Laisser bouillir toujours en remuant pendant 5 minutes et mettre rapidement en pots.
Ce procédé donne une gelée d'un goût très délicat.

11 Gelée de cassis et groseilles blanches

En mélangeant à poids égal cassis et groseilles blanches, on obtient une gelée délicieuse, plus transparente et très parfumée.

12 Pâte de cassis

2 verres d'eau par kg de fruits, prévoir même poids de sucre que de pulpe.

Bien laver les cassis, les mettre dans une bassine et les faire éclater à feu vif avec l'eau.
Passer les cassis au tamis de crin en pilonnant fortement pour extraire toute la pulpe.
Verser la pulpe et le sucre dans une casserole.
Faire cuire en remuant sans cesse jusqu'à ce que la pâte se détache du fond.

Verser la pâte sur un marbre huilé et l'étaler en une couche d'environ deux centimètres. Laisser raffermir pendant trois ou quatre jours.
Découper en carrés, saupoudrer de sucre cristallisé et conserver dans une boîte en fer blanc.

CERISE

Parmi les très nombreuses variétés cultivées de cerises, 'Bigarreaux', 'Guignes' et 'Griottes', un petit nombre seulement se prête à la mise en confiture. C'est la 'Montmorency longue queue' qui est la plus recherchée, mais la cerise 'Reine-Hortense', 'l'Anglaise hâtive', la 'Griotte du Nord', permettent d'excellentes préparations.

13 Confiture de cerise en trois temps

Procéder exactement comme pour la confiture d'abricot (recette n° 1).

14 Confiture de cerise en deux temps

Procéder exactement comme pour la confiture d'abricot (recette n° 2).

15 Confiture de cerise au sirop

1,500 kg de cerises dénoyautées, 1,500 kg de sucre, 3 dl d'eau.

Laver les cerises, les égoutter, retirer les noyaux à l'aide du « chasse-noyaux ».
Mettre dans la bassine à confitures le sucre et l'eau, faire chauffer et cuire ce sirop au « grand perlé » (107°).
Jeter les cerises aussitôt et les laisser cuire jusqu'à ce qu'elles deviennent translucides.
Retirer les cerises avec l'écumoire et les répartir dans les pots afin de les remplir aux deux tiers.

Cuire à nouveau le sirop au « perlé » (105°). Finir de remplir les pots. Couvrir aussitôt.

16 Confiture de cerise à la groseille

3 kg de cerises, 1 kg de groseilles, 2 kg de sucre.

Extraire à froid le jus des groseilles, soit sur un tamis de crin, soit en tordant les fruits dans un torchon pour exprimer tout le jus.
Laver et dénoyauter les cerises à l'aide du « chasse-noyaux ».
Dans la bassine à confitures verser les cerises, le jus de groseille et le sucre. Faire chauffer en remuant de temps en temps.
Lorsque l'ébullition commence, cuire à feu très vif pendant 25 minutes. Mettre en pots et couvrir aussitôt.

17 Gelée de cerise à la groseille

1,500 kg de cerises, 500 g de groseilles, 1,600 kg de sucre.

Laver les cerises, retirer les queues et les noyaux à l'aide du « chasse-noyaux ». Egrener les groseilles. Les mélanger aux cerises et mettre le tout dans une bassine à confitures avec le sucre. Faire chauffer et entretenir l'ébullition pendant 15 minutes.

Le sucre de canne

Le sucre de canne fut connu des anciens à une époque très reculée. Il était alors rare et réservé à la médecine. Ce ne fut qu'après la découverte de l'Amérique et la grande extension qu'on donna à la culture de la canne à sucre que son usage se répandit en Europe. Tous les essais de culture faits en France échouèrent mais ils réussirent en Espagne, sur la côte andalouse.

Verser le contenu de la bassine sur un tamis de crin, au-dessus d'une terrine et presser le jus. Laisser égoutter.
Remettre le jus dans la bassine et faire cuire jusqu'à ce qu'il ait atteint la « nappe » (100°).
Retirer du feu et mettre en pots aussitôt.
Attendre trois jours avant de couvrir les pots.

COING

Le coing est l'un des rares fruits qui ne peut se consommer cru. Il atteint sa pleine maturité en octobre-novembre. Les meilleures variétés sont le Coing commun, ' Champion ' et ' du Portugal '.

18 Gelée de coing

1 litre d'eau pour 500 g de coing, même poids de sucre que le jus obtenu.

La peau des coings renferme beaucoup de pectine, aussi, il ne faut pas peler les fruits, mais se contenter de les essuyer vigoureusement pour retirer le duvet.
Couper les fruits en quatre. Retirer les pépins et les réserver en les enfermant dans un petit carré de mousseline.
Faire cuire les fruits dans une bassine avec l'eau et le nouet de pépins, jusqu'à ce que les quartiers soient devenus tendres.
Poser le tamis de crin au-dessus d'une terrine. Verser les fruits et tout le jus. Laisser égoutter sans presser, pendant quatre heures.
Peser le jus recueilli et le verser avec le même poids de sucre, dans la bassine à confitures. Remuer pour faire fondre le sucre et placer à feu vif pour faire bouillir rapidement le jus et le réduire jusqu'à la cuisson à « la nappe » (100°).
Remplir aussitôt les pots et laisser entièrement refroidir avant de les couvrir.

19 Pâte de coing

Prévoir même poids de sucre que de pulpe.

On fait cette pâte avec la pulpe qui reste de la préparation de la gelée. Ecraser la pulpe avec un pilon sur le tamis de crin. Peser cette purée et la mélanger avec le sucre.
Mettre à cuire en tournant sans arrêt, jusqu'à ce que la pâte se détache d'elle-même du fond de la casserole.
Verser la pâte sur un marbre huilé, saupoudrer de sucre cristallisé et laisser sécher pendant quatre jours.
Découper alors la pâte en carrés et la conserver dans des boîtes en fer blanc, en séparant chaque couche avec un carré de papier sulfurisé. Ainsi préparée, cette pâte se conserve fort bien plusieurs mois.

20 Marmelade de coing en quartiers

Prévoir même poids de sucre que de fruits.

Essuyer les coings pour retirer le duvet. Ne pas les peler. Les couper en quartiers et les mettre dans une bassine d'eau froide. L'eau doit recouvrir les fruits.
Chauffer et faire bouillir.
Quand les quartiers commencent à s'attendrir, les retirer à l'écumoire, les égoutter et les peser.
Ajouter le sucre dans le jus de cuisson. Faire bouillir. Au début de l'ébullition ajouter les coings. Cuire environ une heure à feu doux.
Mettre en pots et couvrir aussitôt.

21 Pâte de coing à l'ancienne

Prévoir même poids de sucre en poudre que de fruits épluchés.

Peler et éplucher des coings bien mûrs. Les faire cuire par morceaux avec un peu d'eau, jusqu'à ce qu'ils soient bien fondus et la pâte transparente. Ecraser en purée et la passer au tamis de crin.

Malaxer la purée dans une terrine avec le sucre.
Aplatir la pâte ainsi obtenue sur des assiettes et la laisser se raffermir au frais pendant quelques jours.
Renverser alors sur du papier, saupoudrer de sucre cristallisé et découper en lanières. Faire sécher et conserver dans une boîte en fer blanc.

22 Cotignac

Le cotignac est une pâte de coing délicieuse, de couleur acajou. Le cotignac d'Orléans est réputé.

Prévoir 750 g de sucre par kg de marmelade.

Choisir des coings très mûrs. Les essuyer et les cuire dans l'eau bouillante, sans les couper. Lorsqu'ils deviennent tendres, les retirer, les égoutter, les peler, les couper en morceaux et les écraser. Passer cette purée au tamis de crin, la peser et ajouter le sucre.
Mettre dans la bassine à confiture, chauffer progressivement en remuant sans cesse avec l'écumoire, sans quoi la pâte attacherait au fond. Après 45 minutes de cuisson, le cotignac doit être pris. Le couler en pots.

FIGUE

Le nombre des variétés de figues, blanches, violettes, rouges, est considérable. Celles du Midi sont les plus délicates et les blanches, plus mielleuses, sont les plus recherchées. Les figues fraîches apparaissent sur les marchés du début de juillet à Noël.

23 Confiture de figue fraîche

500 g de figues, 500 g de sucre, 9 dl d'eau, 1 citron.

Choisir des figues mûres, mais fermes, couper le pédoncule et les séparer en deux.
Faire un sirop léger avec le sucre, l'eau et le jus de citron.

Pocher les figues dans ce sirop pendant 5 minutes. Retirer les fruits avec l'écumoire, les placer dans une terrine, verser dessus le sirop bouillant et laisser macérer ainsi pendant vingt-quatre heures.
Remettre le sirop dans la bassine à confitures, le faire réduire jusqu'au « petit perlé » (105°). Mettre alors les figues dans le sirop et laisser cuire doucement jusqu'au « grand soufflé » (112°). Mettre en pots et couvrir aussitôt.

24 Marmelade de dalmatie

1,500 kg de ' figues de Dalmatie ', 1 kg de sucre, 2 citrons.

Prendre des figues très mûres. Couper le pédoncule. Les séparer en quartiers.
Dans la bassine à confitures verser les fruits, le sucre et le jus du citron. Mettre à feu très doux en remuant de temps en temps. Lorsque le sucre est fondu, porter à ébullition et laisser cuire doucement, en remuant sans cesse, pendant 15 minutes. Mettre en pots et couvrir.

25 Confiture de figue Marinette

2 kg de figues, 1,500 kg de sucre, 1 poire ' William ', 1 pomme ' Calville ', 100 g de carottes, 250 g d'amandes fraîches épluchées.

Eplucher la poire, la pomme et les carottes. Découper le tout en fins bâtonnets. Couper le pédoncule des figues et les séparer en deux.
Mettre les figues dans la bassine à confitures en les couvrant d'eau. Les faire cuire jusqu'à ce qu'elles s'écrasent facilement. Les passer au tamis de crin en appuyant légèrement le pilon pour ne pas faire passer les petites graines. Passer le jus de cuisson et remettre la purée obtenue dans la bassine, avec le sucre. Lorsque le mélange entre en ébullition, ajouter les bâtonnets de poire, pomme et carotte.

Laisser cuire 4 heures d'une façon lente et continue.
Jeter en fin de cuisson les amandes fraîches soigneusement épluchées. Remuer et mettre en pots. Couvrir aussitôt.

FRAISE

'Sans Rivale', 'Saint-Claude', 'Belrubi', 'Talisman', 'Gorella' sont, parmi une centaine d'autres, les variétés de fraises qui conviennent parfaitement pour faire les confitures. Il convient en effet de choisir des variétés à fruits fermes, bien rouges et très parfumés.

26 Confiture de fraise au sirop

3 kg de fraises, 3 kg de sucre, 1 litre d'eau.

Laver soigneusement les fraises avant de les équeuter. Bien les égoutter. Retirer délicatement les pédoncules.
Dans la bassine à confitures verser le sucre et l'eau. Mettre sur le feu et réduire le sirop jusqu'au « grand perlé » (107°).

L'alberge

L'alberge, fruit de l'albergier, à mi-chemin entre la pêche et l'abricot, semble être un fruit perdu. Au XIXe *siècle, Honoré de Balzac comme Alexandre Dumas célébrèrent les qualités exquises des confitures d'alberges de Tours. Cependant, Paul-Louis Courrier ne devait guère aimer ce fruit puisqu'il écrit que sa femme* **« était devenue rêche et coriace comme une alberge »...**

Jeter alors les fraises. Dès qu'elles commencent à s'affaisser et à devenir translucides, les retirer délicatement à l'écumoire et les égoutter sur le tamis de crin. Poursuivre la cuisson du sirop sur feu vif.
Dès que les fraises sont bien égouttées, les répartir dans les pots en ne les remplissant qu'aux deux tiers.
Réduire la cuisson du sirop jusqu'au « petit boulé » (115°) et le verser doucement sur les fraises en remuant un peu les pots pour obtenir le mélange du sirop et des fruits.
Couvrir aussitôt les pots.

27 Confiture de fraise grand'mère

2 kg de fraises, 2 kg de sucre.

Laver, égoutter et éplucher les fraises fermes, bien saines et pas trop mûres.
Dans une terrine disposer un lit de fraises, un lit de sucre et laisser macérer au frais pendant une nuit.
Le lendemain, égoutter les fraises sur un tamis de crin.
Recueillir le jus obtenu et le faire cuire au « petit boulé » (115°).
Verser alors les fraises et laisser cuire à petits bouillons pendant 10 minutes.
Verser dans les pots et couvrir aussitôt.

Sucrer au miel

Le miel fut, depuis la plus haute antiquité, la seule « matière sucrante » en Europe, tenant la place à la fois du sucre et de la confiture. Les innombrables réglements anciens qui existent sur les ruches et les abeilles prouvent le prix que l'on attachait à la possession du miel, mets précieux, dont les Anciens faisaient leurs délices.

28 Confiture de fraise angevine

2 kg de fraises, 2 kg de sucre, 2 verres d'eau.

Choisir des fraises fermes et saines. Les laver, les égoutter et les équeuter.
Faire un sirop avec le sucre et l'eau. Le cuire au « petit cassé » (129°). Verser les fraises. Lorsque l'ébullition a repris, laisser cuire 5 minutes.
Verser dans les pots et couvrir.

29 Confiture de fraise et groseille

3 kg de fraises, 1 kg de groseilles, 3,750 kg de sucre.

Laver les groseilles sans les égrener, les mettre dans une casserole avec 1/2 verre d'eau. Dès que l'ébullition commence les groseilles « éclatent ». Les verser alors sur un tamis de crin et presser le jus. Dans la casserole mélanger ce jus à 750 g de sucre. Faire chauffer doucement, puis donner un seul bouillon.
Faire la confiture de fraise au sirop (recette n° 26).
Avant de réduire la cuisson du sirop au « petit boulé » (115°), mélanger au sirop la gelée de groseilles. Bien remuer. Cuire le sirop et verser sur les fruits.
Couvrir aussitôt les pots.

30 Marmelade de fraise au vin blanc

2 kg de fraises, 2 kg de sucre, 2 verres de vin blanc sec.

Laver et éplucher les fraises. Les faire macérer six heures dans une terrine avec le sucre et le vin blanc.
Egoutter les fraises sur un tamis. Dans la bassine à confiture faire chauffer le jus et le faire cuire à « la nappe » (100°).
Jeter les fraises dans le sirop et laisser cuire à feu doux jusqu'à ce que les fraises deviennent translucides.
Mettre en pots et couvrir.

Fraises des bois et des quatre-saisons

Les fraises des bois et les fraises des quatre-saisons ne donnent pas de bonnes confitures. Les fruits deviennent coriaces et amers.

FRAMBOISE

Les meilleures variétés de framboises pour la confiture sont 'Heytor', 'Lloyd George', 'September'. La variété 'Loganberry', ainsi que les framboises à fruits jaunes sont beaucoup moins parfumées.

31 Confiture de framboise

1 kg de framboises, 1 kg de sucre.

Equeuter délicatement les framboises et les mettre à macérer pendant douze heures avec le sucre, dans une terrine maintenue au frais.
Verser les framboises et leur jus dans la bassine à confitures. Faire chauffer et porter à ébullition pendant 15 minutes.
Ecumer soigneusement. Mettre en pots et couvrir.

32 Confiture de framboise au sirop

1 kg de framboises, 1 kg de sucre, 2 verres d'eau.

Equeuter les framboises et les peser.
Dans la bassine à confitures verser le sucre et l'eau et cuire le sirop au « petit perlé » (105°).
Jeter les framboises. Laisser cuire pendant 15 minutes.
Egoutter les fruits et les mettre dans les pots jusqu'à mi-hauteur.
Cuire à nouveau le sirop jusqu'au « petit perlé ». Remplir les pots et couvrir.

33 Gelée de framboise aux groseilles blanches

1kg de framboises, 300 g de groseilles blanches, 1 kg de sucre.

Equeuter les framboises et les groseilles blanches, les écraser au pilon et en extraire le jus à l'aide d'un torchon que l'on tord au-dessus d'une terrine pour le recueillir.
Mettre ce jus à cuire dans la bassine à confitures avec le sucre. Faire bouillir. Ecumer. Laisser bouillir doucement pendant 25 à 30 minutes.
Verser une petite cuillerée sur une assiette : si elle fige, la cuisson est achevée.
Mettre en pots et ne couvrir qu'après refroidissement complet.

GROSEILLE

Les variétés de groseilliers à grappes donnant des fruits rouges (' Versaillaise ', ' Hollande ', ' Red Lake ', ' Industria ') ou des fruits blancs (' Hollande ', ' Gloire des Sablons ') donnent toutes d'excellentes confitures et gelées.

34 Gelée de groseille à l'ancienne

2 kg de groseilles, 1 verre d'eau, 750 g de sucre par kg de jus obtenu.

Laver les groseilles sans les égrener et les mettre dans une bassine avec l'eau.
Dès que l'ébullition commence, les groseilles éclatent. Les verser alors sur un tamis de crin, au-dessus d'une terrine.
Presser légèrement et laisser égoutter pendant deux heures.
Peser le jus ainsi obtenu et le verser dans la bassine à confitures, faire chauffer.

Lorsque le jus de groseilles commence à bouillir, ajouter le sucre. Faire bouillir sur feu très vif et bien surveiller le point de cuisson à « la nappe » (100°). Ce point est obtenu environ au bout de 10 à 15 minutes d'ébullition à gros bouillons.
Retirer alors vivement la bassine du feu. Ecumer la gelée et la mettre aussitôt en pots. Laisser refroidir entièrement les pots avant de les couvrir.

35 Gelée de groseille au sirop

1 verre d'eau par kg de fruits, 1 verre d'eau et 1 kg de sucre par kg de jus obtenu.

Laver et faire éclater les groseilles dans une bassine avec un verre d'eau par kilo de fruits.
Verser les fruits sur un tamis de crin au-dessus d'une terrine et presser légèrement pour recueillir le jus.
Peser le jus ainsi recueilli.
Dans la bassine à confitures, préparer un sirop avec le sucre et l'eau.
Cuire ce sirop au « grand soufflé » (112°) et retirer aussitôt la bassine du feu.
Verser vivement le jus des groseilles dans le sirop, bien mélanger et remettre sur le feu jusqu'au premier bouillon.
Retirer alors du feu et mettre la gelée en pots.
Laisser refroidir complètement avant de couvrir les pots.

36 Gelée de groseille blanche

La gelée de groseille blanche prend moins vite que celle de groseille rouge, mais sa saveur est plus fine.
Généralement on mélange les deux variétés de groseille. On peut aussi ajouter des framboises, à raison de un kilo pour cinq kilos de groseilles, ce qui donne une gelée d'un goût particulièrement délicat.

37 Gelée de groseille minute

1 kg de sucre pour 1 kg de jus obtenu.

Choisir des groseilles très mûres. Les écraser à cru par torsion dans un torchon solide. Peser le jus obtenu.
Verser le jus dans la bassine à confitures et dès que l'ébullition commence, verser d'un coup le sucre cristallisé.
Remuer pour faire fondre le sucre. Laisser bouillir 3 minutes et mettre en pots.

38 Gelée de groseille rouge à froid

2 kg de sucre en poudre pour 1 kg de jus obtenu.

Piler les groseilles crues sur un tamis de crin.
Filtrer le jus ainsi obtenu afin qu'il soit sans impuretés.
Verser le jus dans une terrine et incorporer peu à peu, en remuant sans cesse, tout le sucre en poudre. Remuer pendant 20 minutes.
Mettre dans de tous petits pots.
Placer les pots dans un endroit aéré et, si possible, en plein soleil sans les remuer, jusqu'au soir. La gelée doit alors être prise. Couvrir les pots.
Cette gelée possède un goût très fin, mais elle se conserve moins longtemps que la gelée cuite.

39 Confiture de groseille blanche de bar

1,500 kg de groseilles blanches, 1,500 kg de sucre, 2 verres d'eau.

Choisir de très belles groseilles blanches à gros grains et peu mûres.
En prendre la moitié, les égrener délicatement et enlever les pépins de chaque grain, à l'aide d'une plume d'oie taillée en pointe, en opérant par le côté du pédoncule.
Prendre l'autre moitié des groseilles, les écraser crues sur un tamis de crin et filtrer le jus ainsi obtenu.

Dans la bassine à confitures mettre le sucre et l'eau et faire cuire ce sirop au « grand boulé » (121°). Ecumer avec soin. Ajouter alors doucement les groseilles épépinées. Maintenir la bassine à feu doux afin de faire pocher les groseilles à liquide frémissant pendant 5 minutes.
Retirer la bassine du feu. Avec l'écumoire égoutter les groseilles et les disposer régulièrement dans de petits pots.
Reprendre le sirop, verser le jus des groseilles écrasées, faire cuire au « boulé » (115°) et verser dans les petits pots pour achever de les remplir. Couvrir aussitôt.
C'est une confiture délicieuse, mais qui réclame temps et patience...

40 Confiture de groseille rouge épépinée

500 g de groseilles, 750 g de sucre, 1 verre d'eau.

Epépiner comme dans la précédente recette 500 g de gros grains de groseilles pas trop mûres.
Dans la bassine à confitures préparer un sirop avec le sucre et l'eau. Lorsque le sirop bout à gros bouillons et forme des bulles à sa surface, verser alors les grains de groseilles. Donner quelques bouillons pendant 3 minutes et mettre en petits pots de 125 g. Couvrir aussitôt.

GROSEILLE A MAQUEREAU

Certaines variétés sont rouges, d'autres blanches, certaines ont l'épiderme duveteux, d'autres glabre. Les meilleures sont la ' Belle de Meaux ', ' Queen Caroline ', ' Winham's Industry '. On connaît plus de vingt variétés.

41 Confiture de groseille à maquereau

3 kg de groseilles à maquereaux, 2 kg de sucre, 1 litre d'eau.

Laver, égoutter et retirer les pédoncules des groseilles.
Dans la bassine à confitures faire fondre le sucre avec l'eau.
Verser les fruits dans la bassine et la placer sur le feu.
Dès le début de l'ébullition, compter 75 minutes de cuisson.
Retirer la bassine du feu. Mettre la confiture en pots.
Ne couvrir les pots que le lendemain pour que le jus se prenne en gelée.

42 Gelée de groseille à maquereaux

Opérer comme pour la Gelée de groseille à l'ancienne (recette n° 34). Mouiller de deux verres d'eau par kg de fruits.
Ne pas choisir des fruits trop mûrs et mélanger même quelques groseilles encore vertes.

KAKI

Le plaqueminier, originaire du Japon, est bien connu en France mais son fruit, le kaki, est assez peu apprécié. Il est pourtant très riche en vitamines et donne une marmelade tout à fait délicieuse.

43 Marmelade de kaki

1 kg de kakis, 1 kg de sucre, 1 gousse de vanille.

Choisir des fruits parfaitement mûrs, c'est-à-dire blets, mais tout à fait sains.
Nettoyer les fruits, les essuyer délicatement, retirer les pédoncules, les couper en quatre et enlever les graines.
Peser les fruits et les mettre dans la bassine à confitures avec le même poids de sucre. Ajouter une gousse de vanille. Mettre sur le feu et amener doucement à ébullition. Mettre alors à feu doux et faire cuire lentement, en remuant très souvent, pendant une heure.

La marmelade doit devenir épaisse, compacte et filante.
Retirer la vanille, mettre en pots et couvrir aussitôt.

44 Confiture de kaki

1 kg de kakis, 1 kg de sucre, 1 citron, 250 g d'eau.

Retirer la collerette des kakis, les peler, les couper en quartiers et retirer les graines.
Dans la bassine à confitures faire un sirop avec le sucre et l'eau. Faire cuire au « perlé » (105°). Jeter les quartiers de kakis, ajouter le jus de citron et faire cuire 15 minutes.
Verser dans les pots et couvrir aussitôt.

MARRON

Qu'ils soient de l'Ardèche, du Périgord, de Bretagne ou de Lyon, les marrons doivent être choisis de grosse taille pour être savoureux. On les trouve sur les marchés tout l'hiver.

45 Confiture de marron

2 kg de gros marrons, 1,500 kg de sucre, 1 gousse de vanille.

Faire une incision circulaire autour de chaque marron et les jeter dans une grande bassine d'eau bouillante. Couvrir et laisser bouillir 4 à 5 minutes.
Retirer la bassine du feu. A l'aide de l'écumoire prendre les marrons un à un pour les éplucher. Les deux peaux se détachent ensemble et facilement.
Tous les marrons étant épluchés, les verser dans une bassine avec 1/2 litre d'eau tiède. Couvrir et cuire à feu très doux sans remuer.

Lorsque les marrons sont devenus tout à fait tendres, les passer au moulin à légumes. Mettre la purée dans une petite bassine à confitures avec une gousse de vanille. Couvrir et laisser en attente.
Faire fondre le sucre avec 3 décilitres d'eau et mélanger ce sirop à la purée de marrons.
Remettre la bassine sur le feu et chauffer doucement sans cesser de remuer pendant 30 minutes. La pâte doit devenir bien lisse et un peu collante.
Retirer la vanille et mettre en pots.
Cette confiture ne se conserve pas plus de trois mois, mais on peut la verser dans des bocaux de conserve et la faire stériliser 15 minutes pour un bocal d'un demi-litre, 25 minutes pour les bocaux d'un litre.

MIRABELLE

Les mirabelles de 'Nancy', 'Petite', 'Tardive de Corny', sont d'exquises variétés très parfumées et très sucrées qui se prêtent admirablement aux confitures.

46 Confiture de mirabelle

2 kg de mirabelles, 1,500 kg de sucre.

Retirer les queues des mirabelles et les noyaux à l'aide du « chasse-noyaux ». Les faire macérer une nuit dans une terrine avec le sucre.
Le lendemain verser les fruits macérés dans la bassine à confitures et faire bouillir pendant 15 minutes.
Avec l'écumoire retirer les mirabelles, les mettre dans une terrine et les tenir au coin du feu.
Faire réduire le sirop jusqu'à ce qu'il devienne très épais.
Plonger à nouveau les mirabelles dans le sirop bouillant.
Laisser bouillir 3 minutes, mettre en pots et couvrir aussitôt.

NÈFLE

Comme le kaki, la nèfle ne doit être consommée que blette. Depuis l'invasion sur les marchés des fruits exotiques, la nèfle, autrefois très prisée, n'a guère de succès. Elle permet pourtant de faire de délicieuses préparations.

47 Gelée de nèfle

Prévoir même poids de sucre que de jus obtenu.

Choisir des nèfles bien mûres, mais intactes. Les laver à grande eau sans les éplucher. Les mettre dans une bassine, les couvrir d'eau et les faire bouillir sans les remuer pendant 20 minutes.

Passer les fruits et le jus de cuisson au tamis de crin au-dessus d'une terrine. Ecraser juste les fruits sans les presser et laisser égoutter deux à trois heures.

Verser le jus dans la bassine à confitures avec le sucre. Faire cuire à feu vif en tournant de temps à autre. Après 20 minutes d'ébullition retirer du feu et mettre en pots. Ne couvrir que le lendemain.

La route du sucre

C'est une véritable épopée. La canne à sucre est originaire de l'Inde. Darius, au VIe siècle, l'importe en Perse, où les Arabes la découvrent au VIIe siècle et la cultivent de Chypre à l'Andalousie. Elle s'envole alors vers les colonies africaines de l'Espagne et du Portugal. Elle fait escale à Madère avant de gagner le Brésil, puis les Caraïbes au XVIe siècle.

48 Marmelade de nèfle

750 g de sucre par kg de pulpe obtenu.

Laver les nèfles à grande eau et les faire cuire à l'eau bouillante pendant 20 minutes. Egoutter les fruits.
Réduire les nèfles en purée au tamis de crin. Peser cette purée et la verser dans la bassine à confitures avec le sucre. Faire cuire en remuant pendant 30 minutes. Mettre en pots et couvrir.

NOIX

Les noix, cueillies vertes, les cerneaux, servent à faire d'excellentes confiseries, assez peu connues. Autrefois les noix vertes étaient vendues sur les marchés, mais il semble que cette mode soit passée. Les plus réputées des noix sont celles de Grenoble, 'Mayette' et 'Parisienne', cultivées en Savoie.

49 Confiture de cerneau

1 kg de sucre et 2 verres d'eau par kg de noix pelées.

Choisir des noix vertes pouvant être traversées par une épingle, c'est-à-dire dont l'amande est encore molle. Cette maturité idéale a lieu généralement à la mi-juin.
Peler les noix légèrement, en retirant seulement la pellicule verte. Protéger les mains avec des gants de caoutchouc, car les noix tachent beaucoup. Piquer chaque noix en tous sens avec une aiguille et les jeter dans un seau d'eau froide. Les laisser ainsi pendant vingt-quatre heures.
Les égoutter, les mettre dans une bassine, les couvrir d'eau et les faire bouillir jusqu'à ce qu'elles deviennent tendres et puissent s'écraser à la cuiller. Les égoutter et les peser.

Dans la bassine à confitures faire un sirop avec le même poids de sucre et 1 verre d'eau par livre de sucre. Cuire ce sirop à « la nappe » (100°). Verser les noix et faire bouillir tout doucement pendant 1 heure.
Mettre la confiture dans une terrine couverte et la laisser au frais pendant huit jours. Après ce temps recuire le sirop seul pendant 5 minutes.
Disposer les noix dans les pots. Laisser refroidir un peu le sirop et le verser sur les noix. Couvrir les pots.

PÊCHE

Parmi les nombreuses variétés de pêches, il faut choisir de préférence, pour la confiture, les variétés à chair ferme dont le noyau se détache facilement. ' J.-H. Hale ', ' Angevine de Buzet ', ' Elberta ', ' Madeleine ' sont particulièrement appréciées pour la mise en conserves.

50 Confiture de pêche en trois temps
Procéder comme pour la confiture d'abricot (voir recette n° 1).

51 Confiture de pêche en deux temps
Procéder comme pour la confiture d'abricot (voir recette n° 2).

Une prise des Croisés

Les Arabes sont à l'origine de nos confitures au sucre. Au VIIe siècle, en envahissant la Perse, les Arabes découvrent la canne à sucre et l'implantent au Moyen-Orient où les Croisés en ont la révélation au XIe siècle en dégustant le rahat-loukoum... Ces nobles soudards l'emportent avec eux, sans doute pour retrouver dans leurs châteaux austères, les gourmandises du sérail...

52 Confiture de pêche au sirop

Procéder comme pour la confiture d'abricot (voir recette n° 3).

53 Marmelade de pêche à la ménagère

Procéder comme pour la marmelade d'abricot (voir recette n° 6).

POIRE

Cultivé dans toute la France, possédant des centaines de variétés, le poirier est sans doute l'arbre fruitier le plus répandu. Les poires se dégustent surtout crues, mais certaines variétés se prêtent particulièrement à la confiture. Choisir des fruits de petite taille à chair parfumée et ferme.

54 Confiture de poire

3 kg de poires, 2,250 kg de sucre, 1 litre d'eau, 1 bâton de cannelle.

Laver les poires, les peler, les couper en quatre. Retirer le cœur et la queue. Les jeter au fur et à mesure dans l'eau froide. Les égoutter.

Blanchir les poires pendant 2 minutes à l'eau bouillante. Les égoutter.

Dans la bassine à confitures, préparer un sirop avec le sucre et l'eau. Dès que le sucre est fondu, ajouter les poires et cuire sur feu vif. Ajouter le bâton de cannelle. Cuire pendant 45 minutes.

Ne pas cuire le sirop avant de mettre les poires, sinon elles durciraient.

Mettre en pots et couvrir.

55 Confiture de poire (par macération)

3 kg de poires, 1,500 kg de sucre, 1 zeste de citron.

Laver les poires, les éplucher et les diviser en quartiers.

Les mettre à macérer dans une terrine avec le sucre. Mettre au frais jusqu'au lendemain.

Verser les poires et leur sirop dans la bassine à confitures, ajouter un zeste de citron. Chauffer doucement en remuant avec délicatesse.

Quand les poires sont devenues translucides, la confiture est cuite. Retirer le zeste. Mettre en pots et couvrir.

56 Marmelade de poire

700 g de sucre et 1 verre d'eau par kg de pulpe obtenu, 1 gousse de vanille.

Choisir des poires fondantes, bien mûres. Les peler, les couper en morceaux, retirer les pépins et les parties dures.

Passer les morceaux au moulin à légumes. Peser cette purée.

Dans la bassine à confiture mettre le sucre, l'eau et la gousse de vanille. Faire cuire ce sirop au « petit cassé » (129°). Ecumer.

Ajouter la purée de poires et cuire à « la nappe » (100°). Mettre la marmelade en pots chauffés et couvrir.

Démenti depuis

C'est à partir de 1805 que le baron de Koppi dans sa terre de Krayn, près de Strehlen en Silésie, expérimenta pour la première fois la fabrication du sucre de betterave. M. Boudet, pharmacien en chef du troisième corps de la Grande Armée, visita la fabrique et sa conclusion fut la suivante : **« Seule l'Allemagne recueillera quelques avantages du sucre de betterave ! »**

POMME

La pomme fut longtemps pour une moitié de la France ce que le raisin était pour l'autre moitié. Il résulte de cette abondante consommation, des centaines de variétés à déguster crues, à cuire ou destinées à la fabrication du cidre et du calvados. Beaucoup de variétés se prêtent aux gelées et confitures : ' Reinette Grise ', ' Reinette du Mans ', ' Reinette du Canada ', ' Pomme de Châtaignier ', etc.

57 Gelée de pomme

500 g de pommes, 1 litre d'eau, 1 citron, 750 g de sucre pour 1 kg de jus.

Laver les pommes, les peler, retirer cœurs et pépins, les couper en morceaux.
Enfermer les pelures, les cœurs et les pépins dans une mousseline.
Dans une bassine mettre les pommes et le nouet de mousseline et verser l'eau.
Ajouter le jus d'un citron pour vingt pommes. Mettre sur le feu.
Lorsque les pommes sont cuites, les verser sur un tamis de crin et laisser égoutter tout le jus sans presser les pommes, pendant plusieurs heures.
Peser le jus. Lui ajouter trois-quarts de son poids de sucre. Verser dans une bassine à confitures et laisser fondre en remuant, sur feu doux.
Lorsque le sucre est fondu, activer le feu et faire bouillir rapidement. Réduire le sirop à « la nappe » (100°).
La gelée est achevée lorsque la goutte qui tombe de l'écumoire est large et possède déjà la consistance de la gelée.
Retirer alors la bassine du feu. Ecumer. Remplir les pots chauffés.
Ne les couvrir que le lendemain.

58 Gelée de pomme au sirop

500 g de pommes, 1 litre d'eau, 1 citron, 400 g de sucre.

Procéder exactement comme pour la recette précédente jusqu'à ce que le jus soit bien égoutté.
Préparer un sirop avec le sucre et 1/2 verre d'eau.
Cuire le sirop au « petit boulé » (115°).
Verser alors le jus de pomme dans le sirop, bien remuer.
Laisser bouillir pendant 10 minutes.
Mettre en pots. Couvrir le lendemain.

59 Confiture de pomme

2 kg de pommes, 1,750 kg de sucre.

Eplucher les pommes, les couper en quatre, retirer les cœurs.
Enfermer les pelures, les cœurs et les pépins dans une mousseline.
Dans la bassine à confitures mettre les quartiers de pommes et le nouet de mousseline. Recouvrir le tout d'eau froide et faire cuire jusqu'à ce que les pommes soient devenues tendres.
Egoutter alors les pommes sur un tamis de crin pendant plusieurs heures.
Mettre le jus dans la bassine à confitures avec le sucre.
Faire chauffer et amener à ébullition.
Laisser cuire le sirop 5 minutes. Verser alors les pommes et continuer la cuisson pendant 45 minutes en remuant de temps en temps délicatement. Ecumer quand il le faut.
Mettre en pots et couvrir.

60 Confiture de pomme à la normande

2 kg de pommes, 1,600 kg de sucre, 2 citrons, 200 g de raisins secs, 1 verre à liqueur de calvados.

Eplucher et épépiner les pommes. Les couper en quartiers.
Peler les citrons (bien lavés) et couper les zestes en petits morceaux réguliers.

Couper les citrons en rondelles fines. Retirer les pépins.
Faire tremper les raisins secs pendant 20 minutes à l'eau tiède.
Dans la bassine à confitures verser le sucre, un verre d'eau et faire fondre doucement à feu doux.
Ajouter les pommes et les zestes de citrons. Faire cuire doucement pendant 1 heure. Remuer de temps en temps.
Mettre les rondelles de citrons et les raisins secs. Laisser cuire encore 30 minutes en remuant. Ajouter le calvados. Remuer. Donner encore un bouillon et retirer du feu.
Mettre en pots et couvrir aussitôt.

61 Confiture de reinette

2 kg de pommes reinette, 1,750 kg de sucre, 1 citron.

Choisir de belles pommes mûres et saines. Les peler.
Les faire bouillir, entières, pendant 5 minutes dans un faitout d'eau, additionnée d'un jus de citron.
Egoutter les pommes, les faire refroidir, réserver l'eau.
Couper les pommes en quartiers. Retirer les cœurs.
Dans la bassine à confitures faire fondre le sucre avec 3 verres de l'eau citronnée qui a servi à faire blanchir les pommes. Lorsque le sucre est fondu, activer le feu et cuire le sirop au « grand soufflé » (112°).
Plonger délicatement les pommes dans le sirop. Laisser reprendre l'ébullition, attendre 2 minutes et retirer la bassine du feu.
Verser tout le contenu de la bassine dans une terrine et faire macérer les fruits dans le sirop, au frais, pendant vingt-quatre heures.
Après ce temps, égoutter les fruits. Faire bouillir à nouveau le sirop, replonger les pommes et laisser cuire doucement jusqu'à ce que le sirop soit au « perlé » (105°).
Retirer la bassine du feu et mettre en pots. Couvrir aussitôt.

62 Pâte de pomme

Procéder comme pour la pâte de coing (voir recette n° 19). La pâte de pomme est est excellente, fort nourrissante, mais n'a pas beaucoup de saveur. On peut la parfumer à la vanille, à la cannelle, au citron, au rhum ou à toutes sortes de liqueurs.

QUETSCHE

Seules les variétés de quetsches juteuses et sucrées comme 'Wilhelmine Spaeth', 'Précoce de Zimmer', 'Précoce d'Esslingen', très répandues dans l'Est de la France, donnent d'excellentes confitures. Les variétés peu juteuses, comme 'd'Alsace' ou 'd'Italie', seront réservées pour le séchage en « pruneaux ».

63 Confiture de quetsche

2 kg de quetsches, 1 kg de sucre.

Laver les quetsches, les égoutter, les couper en deux et retirer le noyau.
Dans une terrine disposer un lit de fruits, un lit de sucre et laisser macérer ainsi, au frais, pendant douze heures.
Le lendemain, verser le contenu de la terrine dans la bassine à confitures.
Faire chauffer doucement. Dès que le mélange bout, compter 25 minutes de cuisson, écumer.
Retirer la bassine du feu. Mettre la confiture en pots. Couvrir aussitôt.

64 Marmelade de quetsche à la mode lorraine

3 kg de quetsches, 1 litre d'eau.

Mettre dans la bassine à confitures les quetsches bien mûres et dénoyautées. Ajouter l'eau et faire cuire en remuant de temps en temps, à feu doux, pendant six heures.

Mettre en pots et couvrir aussitôt.
Cette marmelade sans sucre, délicieuse, est renommée en Lorraine.

REINE-CLAUDE

Les reines-claudes, variétés 'd'Altan', ' Diaphane ', ' Dorée ', donnent d'excellentes confitures, peut-être les meilleures de toutes.
Beaucoup d'autres variétés de prunes comme ' Sainte-Catherine ', ' Royale de Montauban ', ' Englebert ', ' Harris Monarch ' permettent de faire de succulentes confitures.

65 Confiture de prune en trois temps

Procéder comme pour la confiture d'abricot (voir recette n° 1), mais n'employer que 350 g de sucre pour 500 g de fruits.

66 Confiture de prune en deux temps

Procéder comme pour la confiture d'abricot (voir recette n° 2), mais n'employer que 350 g de sucre pour 500 g de fruits.

67 Confiture de prune en pâte

1/2 litre d'eau par kg de fruits, 375 g de sucre pour 500 g de pulpe.

Laver les fruits, retirer les queues et les noyaux.
Dans la bassine à confitures, mettre les prunes avec l'eau. Cuire pendant 20 minutes.
Lorsque les prunes sont presque « fondues », les verser sur le tamis de crin et les écraser au pilon. Retirer les peaux.
Verser dans la bassine la pulpe et le sucre. Chauffer doucement en remuant le mélange. Cuire pendant 30 minutes.
Mettre en pots et ne couvrir que le lendemain.
Cette confiture n'est ni une marmelade ni une gelée, mais sa consistance pâteuse permet de l'employer en pâtisserie pour fourrer des génoises ou des biscuits.

68 Pâte de prune

1,500 kg de reines-claude, 1,500 kg de sucre.

Délicieuse et très parfumée cette pâte est très facile à réaliser.
Faire cuire les reines-claude dans très peu d'eau.
Egoutter sur un tamis de crin. Retirer les noyaux et réduire la pulpe en purée à l'aide du pilon.
Peser la purée ainsi obtenue et peser le même poids de sucre.
Verser la purée et le sucre dans une casserole et faire cuire en remuant sans cesse jusqu'à évaporation de l'eau.
La pâte doit devenir translucide et se détacher du fond de la casserole.
Couler la pâte sur un marbre huilé. Saupoudrer de sucre cristallisé. Laisser refroidir pendant trois jours.
Couper la pâte en carrés et conserver dans une boîte en fer blanc.

69 Marmelade de reine-claude

1 kg de reines-claude, 500 g de sucre.

Laver les reines-claude. Retirer les noyaux.
Peser les fruits et ajouter seulement la moitié de leur poids de sucre.
Mettre le tout dans la bassine à confitures sur feu vif.
Remuer pendant que le sucre fond et faire bouillir 45 minutes.
Mettre en pots et couvrir.

RAISIN

Parmi les très nombreuses variétés de raisins, certaines conviennent mieux que d'autres à la confiture, comme les Chasselas et les Muscats. Mais chaque pays, chaque région possède ses propres variétés qu'il est impossible de répertorier.

Le verjus est un raisin qui n'est pas arrivé à sa maturité.
Autrefois, certaines variétés étaient spécialement cultivées pour la préparation des sauces et des confitures. On peut parfaitement réaliser les confitures de verjus avec n'importe quelle espèce de raisin vert.

70 Confiture de raisin

1 kg de raisin, 500 g de sucre, 1 cuillerée de vinaigre.

Choisir des Chasselas ou des Muscats bien mûrs. Les laver, les égrener, les mettre à macérer dans une terrine avec le sucre, jusqu'au lendemain.
Verser alors le contenu de la terrine dans la bassine à confitures. Faire chauffer et cuire à feu doux.
A partir de l'ébullition, compter 1 heure de cuisson. Tourner de temps en temps. Ecumer plusieurs fois afin de retirer la plupart des pépins qui surnagent. Ajouter le vinaigre de vin. La cuisson du sirop doit être au « perlé » (105°).
Retirer la bassine du feu. Mettre en pots et couvrir aussitôt. On peut, comme pour la confiture de groseilles, retirer les pépins de chaque grain. C'est un travail de patience, mais la confiture est bien meilleure.

71 Gelée de raisin

1 kg de jus de raisin, 250 g de sucre, 1 cuillerée de vinaigre.

Bien laver le raisin, l'égrener et le faire éclater, sans eau, dans la bassine à confitures. Lorsque les grains sont « fanés », les verser sur le tamis de crin, au-dessus d'une terrine.
Ecraser les grains. Recueillir le jus, le filtrer et le peser.
Verser dans la bassine le jus, le sucre et la cuillerée de vinaigre de vin. Mélanger le tout. Faire chauffer et cuire le sirop au « perlé » (105°).
Mettre en pots. Ne couvrir que le lendemain.

72 Le raisiné simple

Le Chasselas ne convient pas pour le raisiné. Employer plutôt des Muscats et, de préférence, des raisins rouges.
Employer un faitout émaillé et non une bassine de cuivre en raison de l'acidité du jus.
Presser le jus du raisin afin de remplir le faitout à la moitié. Dix litres de jus de raisin, donnent trois litres de raisiné. Mettre le faitout à feu doux et remuer souvent.
Laisser cuire très longtemps jusqu'à ce que le jus devienne une gelée consistante. Surveiller la cuisson qui doit être régulière. Ecumer souvent.
Mettre en pots. Couvrir.
Le raisiné s'améliore en vieillissant. On le conserve de préférence dans des pots de grès non vernissé.

73 Raisiné de Bourgogne

10 kg de raisins, 1 kg de poires.

Choisir des raisins bien mûrs, du Muscat de préférence.
Ecraser les grains et passer le jus au tamis.
Mettre le jus dans un grand faitout et faire bouillir en remuant pour qu'il n'attache pas. Laisser cuire doucement et réduire de moitié.

Sucre de raisin

En 1808, le ministre de l'intérieur, le comte de Champmol fit appel aux chimistes pour les inviter **« à se livrer à la recherche des moyens de suppléer le sucre des colonies dans les principaux usages de l'économie domestique ».** *Or, ce n'est pas à la betterave à laquelle on pensa tout d'abord, mais au raisin et Parmentier publia en 1810 un traité important sur ce sujet.*

Prendre les poires, les peler, les couper en morceaux et les jeter dans le jus de raisin lorsqu'il est réduit de moitié.
Continuer la cuisson, en remuant souvent, de manière à faire réduire le jus d'un tiers encore. Bien surveiller la cuisson qui doit être lente et régulière. Le raisiné doit être épais et sombre.
Mettre en pots de grès de préférence. Couvrir aussitôt.

74 Gelée de verjus

1,500 kg de sucre et 3 verres d'eau pour 2 litres de jus obtenu.

Laver les grappes de raisins verts à grande eau. Les égoutter.
Egrapper et jeter les grains dans une terrine.
Avec le dos de l'écumoire, écraser les grains en appuyant à deux mains.
Poser le tamis de crin sur une autre terrine. Verser les grains. Laisser le jus s'écouler et presser les grains avec le pilon.
Filtrer le jus ainsi obtenu et le peser.
Verser le jus dans une casserole, le faire chauffer doucement en remuant. Lorsque le jus est en ébullition, retirer la casserole du feu.
Dans la bassine à confitures verser le sucre. Bien mélanger.
Faire chauffer la bassine et cuire le sirop au « grand boulé » (121°). Verser alors le jus. Bien mélanger.
Laisser reprendre l'ébullition et laisser cuire doucement et régulièrement jusqu'au « perlé » (105°).
Ecumer, retirer la bassine du feu et mettre la gelée en pots. Couvrir le lendemain.

75 Confiture de verjus

2 kg de raisins verts, 2 kg de sucre.

Laver les raisins, les égoutter et les égrapper.
Prendre les grains un à un et retirer les pépins à l'aide d'un cure-dent en plume d'oie.
Dans la bassine à confitures mettre les grains de raisins et le sucre.

Placer à feu doux jusqu'à ce que le sucre ait fondu.
Activer alors le feu jusqu'à ébullition. Tourner de temps en temps délicatement. Laisser cuire jusqu'au « perlé » (105°).
Retirer la bassine du feu. Mettre en pots et couvrir.

QUATRE FRUITS

Les mélanges de fruits donnent d'excellentes confitures, à condition que le cocktail soit harmonieux. On donne souvent à ces préparations le nom de « confitures du couvent ».

76 Confiture de quatre fruits rouges

250 g de fraises, 250 g de groseilles, 250 g de framboises, 300 g de cerises, 750 g de sucre, 1 verre 1/2 d'eau.

Laver les fruits séparément et les éplucher. Dénoyauter les cerises et égrener les groseilles.
Dans la bassine à confitures verser l'eau et le sucre. Mettre à feu doux jusqu'à ce que le sucre soit fondu. Activer le feu et cuire le sirop au « petit boulé » (115°).
Mettre les cerises et les laisser cuire 15 minutes. Ajouter les fraises. Les cuire 10 minutes. Mettre enfin les groseilles et les framboises. Laisser cuire encore 10 minutes.
Ecumer. Retirer la bassine du feu. Mettre en pots et couvrir.

77 Confiture de quatre fruits rouges en gelée

250 g de cerises, 250 g de fraises, 250 g de groseilles, 250 g de framboises, 750 g de sucre.

Faire macérer, pendant 12 heures dans une terrine, les cerises dénoyautées et les fraises épluchées.
Mélanger les framboises et les groseilles et préparer une gelée (voir recette n° 34).

Verser les cerises et les fraises dans la bassine à confitures et faire cuire pendant 20 minutes. Ajouter alors la gelée de framboises et groseilles. Laisser bouillir 1 minute. Ecumer. Mettre en pots et couvrir.

78 Gelée de quatre fruits blancs

300 g de coings, 300 g de poires, 300 g de pommes, 300 g de raisins. Prévoir autant de sucre que de jus.

Laver les fruits. Ne pas les peler. Couper les coings, les poires et les pommes en morceaux. Egrener les raisins. Faire cuire ensemble coings, poires et pommes avec un litre et demi d'eau. Lorsque tous les fruits sont devenus tendres, les verser sur le tamis de crin au-dessus d'une terrine. Presser légèrement et laisser égoutter pendant environ trois heures.

Filtrer le jus recueilli et le verser dans la bassine à confitures avec son poids de sucre.

Presser le jus des raisins, le filtrer, le peser et le verser dans la bassine avec également son poids en sucre.

Remuer et laisser fondre le sucre doucement. Lorsque le sucre est fondu, mettre la bassine à feu vif et faire bouillir rapidement le mélange. Réduire jusqu'à la cuisson à « la nappe » (100°).

Retirer la bassine du feu. Mettre la gelée en pots et ne couvrir que le lendemain.

Label

Si les confitures industrielles n'ont pas le charme de celles faites à la maison, il en existe cependant d'excellentes portant l'appellation « **Pur fruit pur sucre** », *réservée aux confitures et gelées ne contenant que du sucre blanc raffiné et des fruits ou jus de fruits frais. Ces confitures ne contiennent ni acide tartrique, ni cassonade, ni colorant, ni arôme artificiel.*

Plantes potagères et fruits sauvages

Les baies sauvages, les fruits du potager, les racines et les tiges qui composent ces recettes sont pour la plupart oubliés ou méconnus.
Certes le melon, les myrtilles, la rhubarbe et la tomate font des confitures très appréciées, mais celles d'aubépine, de genièvre ou de sureau sont presque inconnues.
Pourtant ces gelées, marmelades et confitures sont délicieuses. Certaines sont très anciennes, toutes méritent d'être faites, ne serait-ce qu'une fois... pour être séduit.

AIRELLE

L'airelle *(Caccinium Vitis-idæa),* commune dans les pâturages et les bois des montagnes se trouve même en Normandie. Son petit fruit, rouge, très acidulé s'emploie surtout sous forme de compotes et de gelées comme condiment aigre-doux pour accompagner les viandes rouges et le gibier.

79 Confiture d'airelle

2 kg d'airelles, 1,500 kg de sucre.

Bien laver les airelles, les égoutter et retirer les pédoncules. Dans la bassine à confitures faire fondre le sucre avec un demi-litre d'eau. Lorsque le sucre est fondu, mettre les airelles et faire cuire en remuant souvent avec une spatule de bois, pour que les fruits n'attachent pas au fond. Lorsque le sirop a atteint la cuisson au « perlé » (105°), retirer la bassine du feu. Ecumer. Mettre en pots et couvrir.

80 Marmelade d'airelle

2 kg d'airelles, 1,500 kg de sucre, 1 bâton de cannelle.

Laver les airelles, les égoutter et retirer les pédoncules. Dans la bassine à confitures, faire fondre le sucre avec un demi-litre d'eau, ajouter la cannelle, et cuire ce sirop à « la nappe » (100°).
Jeter les airelles. Laisser reprendre l'ébullition et cuire pendant 5 minutes. Remuer doucement et écumer.
Retirer les airelles avec l'écumoire et les répartir dans les pots de confitures afin de les remplir aux trois-quarts. Continuer à faire cuire le sirop jusqu'au « perlé » (105°). Finir de remplir les pots avec le sirop. Couvrir à froid.

81 Gelée d'airelle

2 kg d'airelles, 1 kg de groseilles, 3 kg de sucre.

Mélanger les airelles et les groseilles et procéder exactement comme pour la gelée de groseille à l'ancienne (voir recette n° 34).

ANGÉLIQUE

L'angélique *(Archangelica officinalis)* est une plante cultivée, bien connue sous la forme de tiges confites, très souvent utilisées en pâtisserie. On en fait aussi de délicieuses liqueurs, spécialité de Niort, et des confitures.

82 Confiture d'angélique

Prévoir autant de sucre que de tiges d'angélique épluchées.

Couper les tiges fraîches d'angélique en tronçons de 5 cm environ. Les faire tremper à l'eau froide pendant 30 minutes. Faire bouillir

Le raisiné

Au siècle dernier, les femmes et les filles des vignerons de Bourgogne faisaient le **raisiné** *après la vendange. Elles le mettaient dans des pots de terre qu'elles allaient vendre aux épiciers des villes qui l'achetaient en gros et ensuite le détaillaient. A Paris, en 1810, le raisiné de Bourgogne plus estimé que celui de Champagne, se vendait cinquante centimes la livre.*

une grande quantité d'eau dans un faitout et plonger les tronçons. Laisser bouillir pendant 1 minute et retirer le faitout du feu. Laisser tremper l'angélique ainsi pendant une heure. Egoutter. Laisser refroidir.
Avec un couteau, retirer toutes les fibres qui recouvrent les tiges.
Peser les tronçons ainsi épluchés et peser le même poids de sucre.
Mettre dans la bassine à confitures l'angélique et le sucre. Ajouter un verre d'eau par kilo de sucre.
Faire cuire à feu doux et régulier, jusqu'à ce que les tiges soient devenues transparentes. Le sirop doit alors peser 38° au pèse-sirop (112° au thermomètre).
Mettre en petits pots. Couvrir aussitôt.

ARBOUSE

L'arbousier *(Arbutus Unedo)* ou arbre aux fraises est un arbuste fort répandu sur tout le pourtour de la Méditerranée et de la côte atlantique jusqu'à la Loire. Il donne en hiver de beaux fruits rouges, à la chair un peu farineuse et aigrelette.

83 Confiture d'arbouse

2 kg d'arbouses, 2 citrons, 2 kg de sucre.

Choisir des arbouses mûres à point, c'est-à-dire bien rouges mais pas trop molles. Les laver, les égoutter et retirer les pédoncules.
Dans une terrine, faire macérer pendant douze heures les arbouses avec le sucre et le jus des citrons.
Le lendemain, verser le contenu de la terrine dans la bassine à confitures. Ajouter un demi verre d'eau. Mettre à feu vif.
Laisser cuire le sirop à « la nappe » (100°).
Retirer la bassine du feu. Mettre en pots et couvrir aussitôt.

AUBÉPINE

L'aubépine azarole *(Cratægus Azarolus)* est un arbuste peu épineux dont les fruits assez gros ont un goût un peu acidulé et agréable. Commune dans la région méditerranéenne, l'aubépine azarole, donne d'excellentes confitures et gelées. Les fruits sont mûrs en septembre, mais ils blettissent très rapidement et ne peuvent être conservés.

84 Marmelade d'aubépine

Prévoir autant de sucre que de pulpe.

Egrener les baies d'aubépine, les laver, retirer les pédoncules. Mettre les baies dans une bassine et couvrir largement d'eau.
Faire cuire jusqu'à ce que les baies s'écrasent facilement sous les doigts.
Verser alors les baies et le jus de cuisson sur un tamis, au-dessus d'une terrine. Laisser égoutter et presser la pulpe des fruits. Peser la purée liquide ainsi obtenue. Peser le même poids de sucre.
Verser dans la bassine à confitures la pulpe et le sucre.
Faire chauffer doucement jusqu'à ce que le sucre soit fondu, puis activer le feu.

L'assiette cassée

***Dans la revue* La Cuisine des Familles *du 3 septembre 1905, on trouve ce « Petit secret pour bien cuire les confitures ». Pour empêcher que les confitures ne brûlent, il suffit de mettre au fond de la bassine des morceaux d'assiettes cassées. Auguste Colombié, auteur de cette révélation, ajoute :* « essayez, vous serez étonné de la simplicité et de l'excellence du procédé. »**

Après 30 minutes d'ébullition, mettre une goutte de marmelade sur une assiette froide, si la goutte fige, la marmelade est prête. Sinon, poursuivre encore la cuisson quelques minutes.Mettre en pots et couvrir aussitôt.

85 Gelée d'aubépine

Procéder exactement comme pour la gelée d'abricot (voir recette n° 7).

CAROTTE

Depuis très longtemps on fait des confitures de carotte et nombreuses sont les recettes. Depuis la banalisation des fruits exotiques on néglige la confiture de carotte au profit de celle d'orange, et pourtant...
Choisir des carottes nouvelles, bien juteuses et sucrées.
Toutes les variétés se prêtent aux recettes suivantes.

86 Confiture de carotte

1,500 kg de carottes nouvelles, 1 kg de sucre, 1 citron.

Eplucher les carottes nouvelles, les laver à l'eau froide, les égoutter et les essuyer dans un linge.
Découper les carottes en très fines lamelles et les mettre au fur et à mesure dans une terrine en les saupoudrant de sucre. Lorsque toutes les carottes sont découpées et le sucre versé, ajouter le jus du citron et laisser macérer pendant douze heures.
Faire bouillir l'écorce du citron 10 minutes et découper finement le zeste. Le déposer sur les carottes.
Le lendemain, verser le contenu de la terrine dans la bassine à confitures. Ajouter deux verres d'eau. Mettre à feu doux.
Activer progressivement le feu pour atteindre l'ébullition et maintenir une cuisson régulière jusqu'à ce que le mélange atteigne le « perlé » (105°).

Retirer la bassine du feu. Mettre la confiture en pots. Couvrir aussitôt.

87 Marmelade de carotte

1 kg de carottes, 1 kg de sucre, 1 cuillerée de kirsch.

Eplucher les carottes, les découper en rondelles et retirer les parties vertes.

Verser les carottes dans une casserole d'eau bouillante, jusqu'à ce qu'elles soient molles sous les doigts.
Les égoutter longuement.

Verser les carottes dans le moulin à légumes, au-dessus d'une terrine et les réduire en purée.

Verser dans la bassine à confitures le sucre et deux verres d'eau. Mélanger à feu doux, jusqu'à ce que le sucre soit bien fondu. Activer alors le feu et cuire le sirop au « petit boulé » (115°).

Ajouter alors la purée de carottes. Bien mélanger. Faire reprendre l'ébullition et poursuivre la cuisson doucement et régulièrement.

Lorsque la cuisson a atteint le « perlé » (105°), ajouter la cuillerée de kirsch. Remuer. Retirer la bassine du feu. Remuer encore. Mettre en pots et couvrir.

Confitures à l'alcool

Il existe des confitures à l'alcool, sans cuisson, dites confitures « russes ». Dans un grand pot de grès, tout au long de l'année, on verse des fruits au fur et à mesure de leur apparition. A chaque fois que l'on met 500 g de fruits, on met le même poids de sucre et un verre d'eau de vie. On bouche à chaque fois le pot hermétiquement et l'on déguste à partir de Noël.

88 Marmelade de carotte au citron

1,500 kg de carottes, 1,500 kg de sucre, 3 citrons.

Eplucher les carottes et les râper.
Râper également les zestes des citrons, les mélanger aux carottes.

Dans la bassine à confitures, alterner en couches les carottes et le sucre. Arroser le tout avec le jus des citrons.

Couvrir les carottes d'eau afin de les baigner complètement. Cuire très doucement en remuant de temps en temps, pendant quatre heures. Mettre en pots et couvrir.

CORNOUILLE

Le fruit du cornouiller *(Cornus Mas)* est une drupe assez grosse, oblongue, acidulée et bien rouge à maturité. A l'état sauvage, on trouve le cornouiller dans presque toute la France. La cornouille est mûre en septembre et donne une délicieuse gelée.

Confitures roumaines

En Roumanie, les confitures sont très appréciées. On en prépare de toutes sortes de fruits, de parfums, de couleurs. Elles peuvent être classées en trois genres différents : les **dulcetzi** *qui ont la consistance de nos confitures occidentales, les* **cherbets** *qui ressemblent un peu aux pâtes de fruits et les* **peltés,** *sortes de gelées très consistantes comme le rahat-loukoum.*

89 Gelée de cornouille

Prévoir autant de sucre que de jus.

Choisir les cornouilles bien rouges et donc bien mûres. Les mettre dans une bassine avec juste assez d'eau pour les recouvrir. Laisser bouillir doucement pendant 30 minutes. Ecraser un peu les fruits avec le dos de l'écumoire.
Poser le tamis de crin au-dessus d'une terrine. Verser les cornouilles et le jus de cuisson, sans presser.
Laisser égoutter pendant trois heures.
Peser le jus et peser le même poids de sucre.
Verser dans la bassine à confitures le jus et le sucre. Faire fondre doucement en remuant, puis faire cuire à feu vif jusqu'au « petit perlé » (105°). Ecumer.
Retirer du feu. Mettre en pots. Couvrir le lendemain.

ÉGLANTINE

Il existe environ quatre-vingt espèces d'églantiers en France, dont les fruits nommés cynorrhodons et plus souvent gratte-cul, donnent d'excellentes marmelades.
Les fruits de l'églantier ne sont bons à récolter qu'après les fortes gelées qui les rendent blets.

90 Marmelade d'églantine

500 g de sucre pour 1 kg de pulpe.

Retirer les pédoncules et la petite couronne noire des fruits et les mettre dans une casserole. Les couvrir d'eau froide. Faire chauffer graduellement et laisser bouillir doucement et sans arrêt pendant 30 minutes. Les baies doivent s'écraser facilement sous les doigts. Les égoutter.

Verser les baies sur un tamis et presser la pulpe avec le pilon de façon à la réduire en purée.
Verser la pulpe et le sucre dans la bassine à confitures. Faire chauffer doucement en remuant. Lorsque le mélange commence à bouillir, baisser le feu et laisser cuire très doucement, pendant 25 minutes, en remuant de temps en temps. Mettre en pots et couvrir aussitôt.

91 Marmelade d'églantine à l'alsacienne

Préparer la marmelade exactement comme la recette précédente, mais au lieu de faire cuire les baies d'églantines à l'eau, les faire cuire au vin blanc.

ÉPINE-VINETTE

L'épine-vinette *(Berberis vulgaris)* est un arbrisseau épineux, dont les baies rouges à la maturité, acidulées, servent à préparer des gelées et des sirops rafraîchissants.
L'épine-vinette pousse dans presque toute la France. Les fruits sont mûrs en septembre-octobre.

92 Gelée d'épine-vinette

Prévoir autant de sucre que de jus.

Egrener les fruits et les laver. Les faire cuire dans une casserole, avec juste assez d'eau pour les recouvrir. Faire bouillir à feu vif pendant 20 minutes.
Verser les fruits sur un tamis, au-dessus d'une terrine.
Ecraser délicatement les fruits sans les presser et laisser égoutter longuement, pendant trois ou quatre heures.
Peser le jus recueilli et peser le même poids de sucre.
Verser le jus et le sucre dans la bassine à confitures.

Chauffer doucement jusqu'à ébullition puis laisser bouillir à feu vif jusqu'à ce que le mélange soit cuit au « perlé » (105°). Verser en pots. Couvrir le lendemain.

93 Marmelade d'épine-vinette

Procéder comme pour la recette précédente, mais écraser complètement les fruits au pilon pour obtenir une purée. Mettre cette purée dans la bassine à confitures avec son poids de sucre. Faire chauffer jusqu'à ébullition. Cuire pendant 8 minutes. Ecumer et mettre en pots. Couvrir.

GENIÈVRE

Les baies de genièvre sont les fruits du genèvrier *(Junipernus communis),* arbrisseau commun dans toute la France. Les baies, petites, bleuâtres, toniques et diurétiques, servent à préparer une confiture et une liqueur très appréciées dans le nord de la France. Les baies de genièvre se récoltent en novembre.

94 Confiture de genièvre

700 g de sucre pour 1 kg de jus.

Mettre les baies de genièvre dans la bassine à confitures et les couvrir d'eau. Faire bouillir pendant une heure.
Verser le contenu de la bassine sur le tamis de crin, au-dessus d'une terrine. Ecraser les baies et les presser au pilon. Recueillir le jus et le peser.
Dans la bassine à confitures verser le jus et le sucre. Mettre sur le feu. Porter à ébullition. Laisser cuire doucement en écumant souvent car cette confiture mousse beaucoup.
Lorsqu'une goutte de cette confiture-gelée, posée sur une assiette froide se fige, la cuisson est terminée.
Mettre en pots. Couvrir le lendemain.

MELON

Pratiquement toutes les variétés de melons peuvent servir à faire d'exquises confitures, mais les saveurs seront différentes. Les recettes sont nombreuses et varient d'une province à l'autre.

95 Confiture de melon de Tours

500 g de melon, 375 g de sucre, 1 zeste de citron, 1 verre d'eau.

Choisir un melon de grosseur moyenne, mûr à point, mais pas trop, de très bon goût et de belle couleur.
Le diviser par tranches, retirer l'écorce et les graines.
Couper la chair en morceaux réguliers de la grosseur d'une noix. Peser la chair.
Dans la bassine à confitures, mettre le sucre, le zeste d'un citron et la chair du melon.
Faire chauffer doucement d'abord, puis, lorsque le sucre est fondu porter à ébullition et cuire au « perlé » (105°).
Mettre en pots et couvrir aussitôt.

96 Confiture de melon à la charentaise

3 kg de melon, 1,500 kg de sucre.

Couper les melons, retirer l'écorce et les graines, et découper la chair en dés de deux centimètres. Peser.
Mettre en macération, dans une terrine, le melon et le sucre pendant une nuit.
Le lendemain verser dans la bassine à confitures, faire chauffer doucement d'abord, puis porter à ébullition sur feu vif.
Laisser cuire jusqu'à ce que les dés de melons deviennent translucides.
Mettre en pots et couvrir.
On peut aromatiser cette confiture avec le jus d'un citron ou une gousse de vanille.

97 Confiture à la mode d'Avignon

Prévoir autant de sucre que d'écorce de melon.

Cette confiture économique et savoureuse, se fait avec l'écorce des melons, dont on aura dégusté la chair.
Découper l'écorce en petits carrés de un centimètre et demi environ de côté.
Peser cette écorce découpée et peser le même poids de sucre.
Mettre à macérer dans une terrine, pendant douze heures, dans un endroit frais.
Verser, le lendemain, le contenu de la terrine dans la bassine à confitures. Faire chauffer doucement d'abord, pour bien faire fondre le sucre, puis activer le feu jusqu'à l'ébullition. Réduire alors à nouveau le feu et laisser cuire doucement. Ecumer de temps en temps.
Lorsque la cuisson a atteint le « perlé » (105°), retirer la bassine du feu. Mettre en pots et couvrir aussitôt.

MÛRE

La mûre, fruit de la ronce, est bien connue de tous. Il en existe de nombreuses espèces, dont certaines sont cultivées. La maturité a lieu de juillet à septembre, suivant les régions.

98 Gelée de mûre

Pour que la gelée de mûres soit bien prise et de bon goût, il faut mélanger aux fruits parfaitement mûrs, des fruits encore rouges, aigrelets et riches en pectine.

1,500 kg de mûres bien noires, 250 g de mûres encore rouges.

Procéder exactement comme pour la gelée de groseille à l'ancienne (voir recette n° 34).

99 Gelée de mûre et de groseille

On peut mélanger mûres et groseilles dans des proportions variées et on obtient de délicieuses gelées.

MYRTILLE

La myrtille *(Vaccinium Myrtillus)* porte des baies que l'on nomme « aires », d'un noir violet, douces et sucrées. Ces fruits ont un goût très fin.
On trouve la myrtille dans toutes les régions montagneuses. Les fruits sont mûrs à partir de juillet, suivant l'altitude et l'exposition.

100 Confiture de myrtille
Procéder comme pour la confiture d'airelle (voir recette n° 79).

101 Marmelade de myrtille
Procéder comme pour la marmelade d'airelle (voir recette n° 80).

102 Gelée de myrtille
Procéder comme pour la gelée de groseille à l'ancienne (voir recette n° 34).

OIGNON

La confiture d'oignon fait partie de ces confitures-condiments qui accompagnent particulièrement bien les viandes grillées, le porc, le gibier.
Au Maroc cette confiture accompagne la semoule de couscous.
Choisir de gros oignons dès leur cueillette.

103 Confiture d'oignon au raisin

1,500 kg d'oignons, 750 g de sucre, 1 verre de vinaigre de vin, 1 verre de vin blanc, 10 g de poivre, 250 g de raisins de Smyrne, 10 g de sel fin.

Eplucher les oignons et les couper en rondelles. Faire regrossir les raisins dans l'eau tiède.

Dans la bassine à confitures mettre le sucre et le faire fondre à feu doux avec le vinaigre et le vin blanc.
Lorsque le sucre est fondu, mettre les oignons et les raisins. Ajouter le sel. Bien remuer et laisser cuire lentement et régulièrement jusqu'à ce que les oignons aient pris une légère couleur ambrée. Poivrer. Bien remuer. Retirer la bassine du feu et mettre en pots de petites dimensions. Couvrir aussitôt.

PASTÈQUE

La variété de pastèque destinée à la confiture est un melon d'eau, à la chair légèrement verte, aux graines rouges, à l'écorce vert pâle.
La pastèque à chair rouge et fondante, très aqueuse, délicieuse crue, ne peut être confite.
La pastèque blanche à graines rouges est largement cultivée dans le Midi et connue sous le nom de gégerine.

104 Confiture de pastèque

1 kg de pastèque, 500 g de sucre.

Couper la pastèque en gros tronçons de trois centimètres d'épaisseur.
Couper chaque tronçon en quatre. Retirer le cœur avec les graines et ne conserver que la chair ferme. Retirer la peau. Couper la chair en cubes, les mettre dans une terrine.
Jeter les morceaux de pastèque dans un grand faitout d'eau bouillante et laisser bouillir pendant 5 minutes.
Egoutter pendant une heure environ.
Dans la bassine à confitures, faire fondre le sucre avec 1 verre d'eau pour 500 g de sucre. Faire chauffer doucement jusqu'à ce que le sucre soit fondu. Augmenter alors le feu et porter à ébullition. Cuire le sirop au « perlé » (105°).
Verser alors les morceaux de pastèque dans le sirop.
Mélanger doucement et laisser reprendre l'ébullition.

Faire cuire à feu doux en remuant souvent jusqu'à ce que le sirop soit à nouveau au « perlé » et les fruits translucides.
Retirer la bassine du feu, écumer.
Mettre en pots et couvrir le lendemain.

POTIRON

Le potiron possède un curieux privilège : son nom ne désigne pas le même fruit potager dans les différentes régions de France. Il peut être courge, citrouille, pâtisson... Il est vrai qu'il en existe de nombreuses variétés.
Le potiron destiné à préparer de délicieuses confitures est un fruit volumineux, sphérique, plus ou moins aplati, à écorce jaune ou vermillon, à chair orange.

105 Confiture de potiron à l'orange

5 kg de potiron, 2 oranges, 1,500 kg de sucre, 3 verres d'eau.

Eplucher le potiron, le couper grossièrement en cubes.
Dans la bassine à confitures, faire un sirop avec le sucre et l'eau.
Le cuire au « petit boulé » (115°).
Verser la chair de potiron. Laisser cuire et bouillir pendant une heure. Ajouter le zeste râpé et le jus des oranges.
Cuire encore pendant 30 minutes. Retirer la bassine du feu.
Mettre en pots et couvrir aussitôt.

106 Confiture de potiron aux abricots secs

3 kg de potiron, 2 kg de sucre, 1 kg d'abricots secs, 1 litre d'eau, 1 gousse de vanille.

Eplucher le potiron, le détailler en morceaux et le faire macérer pendant vingt-quatre heures avec le sucre, dans une terrine.

D'autre part verser un litre d'eau bouillante sur les abricots secs et laisser gonfler jusqu'au lendemain.
Dans la bassine à confitures mettre ensemble le potiron et les abricots secs avec le jus et la vanille. Faire chauffer et cuire en remuant souvent pendant deux heures.
Mettre en pots et couvrir aussitôt.

RHUBARBE

La rhubarbe cultivée fait partie depuis très longtemps du potager familial. Ses vertus médicinales passaient autrefois avant sa valeur gastronomique, mais depuis quelques années les marmelades et confitures de rhubarbe sont devenues à la mode. Elle nous vient sans doute d'Angleterre, où, depuis toujours, ces confitures sont très appréciées.

107 Marmelade de rhubarbe

2 kg de tiges, 1,500 kg de sucre, 3 verres d'eau, 1 citron.

Choisir des pétioles de rhubarbe bordés de rouge, ceux du centre de la plante. Les raccourcir des deux bouts. Les peler pour retirer la peau filandreuse. Couper chaque tige en tronçons de sept centimètres. Fendre les tronçons en quatre dans le sens de la longueur. Les déposer sur un linge blanc et les essuyer soigneusement. Ne pas laver la rhubarbe qui contient déjà assez d'eau.
Dans la bassine à confitures faire fondre le sucre avec l'eau sur feu doux. Lorsque le sucre est fondu, activer le feu, porter à ébullition et cuire le sirop au « petit boulé » (115°). Jeter alors la rhubarbe dans le sirop, faire reprendre l'ébullition et cuire en remuant constamment jusqu'à ce que le sirop reprenne une certaine épaisseur, c'est-à-dire le « perlé » (105°). Ajouter alors le jus du citron, remuer et retirer la bassine du feu.
Mettre en pots et couvrir aussitôt.

108 Confiture de rhubarbe

2 kg de tiges, 1,750 kg de sucre.

Le premier jour éplucher et détailler les tiges de rhubarbe comme il est indiqué à la recette précédente.
Mettre les bâtonnets de rhubarbe à macérer dans une terrine, en alternant les couches de rhubarbe et le sucre. Terminer par le sucre. Mettre au frais jusqu'au lendemain.
Le second jour, égoutter complètement la rhubarbe dans une passoire au-dessus d'une terrine, pendant au moins trois heures.
Mettre le jus ainsi recueilli dans la bassine à confitures.
Chauffer doucement en remuant, puis porter à ébullition et faire cuire le sirop jusqu'au « petit boulé » (115°).
Jeter alors la rhubarbe dans le sirop, baisser un peu le feu et laisser reprendre l'ébullition progressivement. Remuer de temps en temps pour éviter que les filaments de rhubarbe s'attachent au fond.
Cuire jusqu'à ce que la rhubarbe deviennent translucide et légèrement ambrée. Mettre en pots et couvrir aussitôt.

SUREAU

Le sureau noir *(Sambucus nigra)* est un arbuste commun dans toute la France et parfois abondant. Il donne en septembre une grande quantité de baies noires, douces, mais purgatives.

109 Gelée de sureau

3 verres d'eau pour 2 kg de baies, 1,500 kg de sucre pour 2 kg de jus.

Laver les baies de sureau et les mettre dans une casserole avec l'eau. Faire éclater les grains en portant à ébullition. Laisser bouillir 5 minutes.
Poser le tamis de crin au-dessus d'une terrine. Verser les baies de sureau et le jus. Laisser égoutter longuement sans écraser.

Verser le jus recueilli dans la bassine à confitures avec le jus d'un citron par kilo de sureau. Faire bouillir. Ajouter alors le sucre. Bien mélanger. Laisser bouillir vivement pendant 10 minutes. Retirer la bassine du feu. Mettre en pots et couvrir le lendemain.

110 Gelée de sureau (autre recette)

Prévoir même poids de sucre et de baies.

Laver et égrener les baies de sureau bien mûres. Les presser à cru sur le tamis de crin. Peser le jus. Verser dans la terrine le même poids de sucre et laisser macérer jus et sucre pendant quarante-huit heures, au frais.
Mettre le mélange dans la bassine à confiture. Faire bouillir en remuant et cuire le mélange jusqu'au « perlé » (105°).
Retirer la bassine du feu. Mettre la gelée en pots et couvrir le lendemain.

TOMATE

Il n'est pas utile de présenter la tomate, qui pourtant était rare et chère il y a cent ans sur les marchés des grandes villes et pratiquement inconnue dans le nord de la France.
A notre époque, grâce aux importations et aux cultures forcées, la tomate se trouve partout, toute l'année. Pourtant, seules les tomates des mois d'août et de septembre, fermes et peu aqueuses, donnent de bonnes confitures.

111 Confiture de tomate verte

2 kg de tomates vertes, 1,500 kg de sucre, 1 citron.

Laver et essuyer les tomates. Les couper en tranches minces et les mettre à macérer avec le sucre par couches alternées, dans une terrine, au frais, pendant vingt-quatre heures.

Dans la bassine à confitures, verser le contenu de la terrine, ajouter le jus d'un citron. Mettre la bassine sur feu doux et laisser cuire lentement jusqu'au « perlé » (105°). La confiture doit avoir une belle couleur légèrement ambrée.
Mettre en pots et couvrir aussitôt.

112 Marmelade de tomate rouge

300 g de sucre pour 500 g de pulpe.

Choisir des tomates très mûres, les couper en morceaux et les passer au tamis de crin, à cru.
Verser pulpe et sucre dans la bassine à confitures et faire cuire à feu doux et régulier pendant deux heures. Ajouter le jus d'un citron. Cuire encore pendant une heure.
Mettre en pots et couvrir.

113 Confiture de tomate rouge

2 kg de tomates, 1,750 kg de sucre, 1 clou de girofle.

Choisir des tomates bien mûres mais fermes et plutôt de petite taille. Les plonger, une par une, dans l'eau bouillante et les peler.
Les couper en quatre et retirer délicatement les graines avec une petite cuillère.
Dans une terrine mettre à macérer les tomates en les saupoudrant régulièrement avec le sucre. Laisser au frais pendant une nuit.
Le lendemain verser le contenu de la terrine dans la bassine à confitures. Ajouter alors le clou de girofle.
Mettre la bassine sur feu doux, puis augmenter progressivement et laisser cuire d'une façon régulière et pas trop rapide.
Les tomates doivent devenir translucides et le sirop au « perlé » (105°).
Retirer alors la bassine du feu. Enlever le clou de girofle.
Mettre en pots et couvrir aussitôt.
Pour être sûr de ne pas perdre le clou de girofle, l'enfermer dans une mousseline liée avec une mince ficelle d'une dizaine de centimètres.

Les fruits exotiques

Parmi la multitude de fruits des pays tropicaux, un grand nombre fut acclimaté en Europe méridionale depuis les temps les plus lointains. Ainsi, l'orange et le citron, qui nous viennent de la lointaine Asie, semblent faire partie de notre flore méditerranéenne spontanée. Beaucoup d'autres fruits sont bien moins familiers, mais grâce à la rapidité des transports modernes on trouve désormais, à la portée de tous, ananas, mangues, noix de coco, que seuls autrefois les grands voyageurs connaissaient.

ACTINIDIA DE CHINE

L'actinidia de Chine *(Actinidia chinensis)* que l'on nomme aussi groseillier de Chine et Kiwi lorsqu'il est importé de Nouvelle-Zélande est connu en France depuis peu, mais sa culture ne cesse de se répandre. Son fruit est de la taille d'un abricot. La peau brune et rugueuse recouvre une chair vert clair, translucide. Le goût délicieux est à mi-chemin entre la prune et la framboise.

114 Confiture d'actinidia

2 kg d'actinidias, 1,800 kg de sucre.

Choisir des actinidias bien mûrs. Les peler délicatement. Au fur et à mesure, les couper en rondelles de cinq millimètres d'épaisseur, les mettre dans une terrine et les saupoudrer de sucre cristallisé. Mettre à macérer une nuit au frais.

Le lendemain, verser le contenu de la terrine dans la bassine à confitures. Faire chauffer doucement. Lorsque tout le sucre est bien fondu, activer le feu et porter à ébullition. Réduire la chaleur afin d'obtenir un bouillonnement lent et régulier. Laisser cuire au « perlé » (105°).

Retirer la bassine du feu. Ecumer. Mettre en pots et couvrir aussitôt.

ANANAS

Le premier colon qui relata par écrit ses découvertes de la flore du Nouveau Monde, apprécia tout de suite l'ananas : « *Bien que le végétal qui le produit ressemble à un chardon, ce fruit est l'un des plus délicieux qui soient* ». Depuis, l'ananas, cultivé dans tous les pays tropicaux, se trouve sur tous les marchés. On choisira pour la confiture des fruits bien mûrs, mais fermes et au parfum très prononcé. Les meilleurs ananas nous viennent de l'île San-Miguel, aux Açores.

115 Confiture d'ananas

Prévoir même poids de sucre et de chair d'ananas.

Poser l'ananas sur une planche et couper les deux extrémités de façon à obtenir un cylindre. Poser ce cylindre debout et à l'aide d'un couteau fin, bien aiguisé, découper la peau en lanières verticales.
Lorsque la chair est à nu, coucher l'ananas dans une assiette afin de recueillir le jus et couper en tranches de cinq millimètres d'épaisseur. Détailler ces tranches en carrés réguliers de deux centimètres, tout autour du cœur, dur et non comestible.
Faire macérer l'ananas dans une terrine, en superposant par couches ananas et sucre. Terminer par le sucre.
Laisser reposer au frais pendant douze heures.
Le lendemain, verser le contenu de la terrine dans la bassine à confitures. Chauffer doucement d'abord, puis porter à ébullition. Réduire le feu pour obtenir une cuisson régulière.
La confiture est cuite lorsque les morceaux d'ananas sont devenus translucides. Le sirop doit alors être cuit au « perlé » (105°).
Retirer la bassine du feu. Mettre en pots et couvrir.

116 Confiture d'ananas à l'orange

750 g de tranches d'ananas, 750 g de sucre, 3 oranges, 1 verre d'eau.

Peler les ananas comme il est indiqué à la recette précédente. Détailler la chair en tranches de cinq millimètres d'épaisseur. Couper ces tranches en deux et enlever la partie dure du centre.
Avec le sucre et l'eau, faire un sirop et le cuire au « petit lissé » (102°). Le laisser tiédir.
Mettre les ananas coupés dans une terrine, verser dessus le sirop et laisser macérer au frais pendant trois heures.
Presser le jus des oranges. Egoutter les tranches d'ananas.
Verser le sirop dans la bassine à confitures et le cuire à « la plume » (108°).
Jeter les tranches dans le sirop. Donner un bouillon. Verser dans la terrine et laisser refroidir.

Egoutter les tranches. Verser le sirop dans la bassine à confitures, ajouter le jus d'orange, cuire à « la nappe » (100°).
Mettre à nouveau les tranches d'ananas et achever la cuisson.
Les tranches d'ananas doivent être translucides.
Mettre la confiture en pots et couvrir.

BANANE

La banane, originaire d'Asie, est très répandue sur les marchés depuis longtemps. La meilleure, la plus sucrée et la plus parfumée est celle des Canaries. La banane américaine a beaucoup moins de goût.

117 Confiture de banane

1 kg de bananes, 700 g de sucre, 8 oranges, 4 citrons.

Choisir des bananes bien mûres. Les éplucher et les couper en rondelles de cinq millimètres d'épaisseur. Les mettre dans une terrine. Ajouter le sucre.

Confiture fantôme

« Les belles fleurs odorantes de nénuphar jaune (Nuphar luteum), ornements des étangs et des rivières, servent dans l'est de la France et en Allemagne, à fabriquer des confitures agréables au goût, mais légèrement narcotiques », ***écrivait Jeanne Savarin en 1896. Malgré nos recherches, nous n'avons jamais trouvé cette recette de nénuphar que nous aurions bien aimé expérimenter...***

Presser le jus des oranges et des citrons.
Verser le tout dans la bassine à confitures. Chauffer doucement en remuant délicatement. Lorsque le sucre est fondu, activer le feu et porter à ébullition. Réduire alors la chaleur afin d'obtenir une ébullition lente et régulière.
Remuer de temps en temps pour que la confiture n'attache pas.
Lorsque le sirop devient ambré et les morceaux de bananes translucides, retirer la bassine du feu. Mettre en pots et couvrir aussitôt.
Cette confiture est délicieuse mais doit être consommée assez rapidement car elle a tendance à fermenter.

118 Marmelade de banane

1 kg de bananes épluchées, 1 kg de sucre, 1 citron, 2 verres d'eau.

Eplucher des bananes à peine mûres, bien fermes. Les couper en rondelles.
Faire bouillir de l'eau et plonger les bananes pour les blanchir pendant cinq minutes. Les égoutter.
Verser dans la bassine à confitures l'eau et le sucre. Mettre à feu doux en remuant jusqu'à ce que le sucre soit fondu. Activer alors le feu et cuire le sirop au « petit boulé » (115°).
Verser les bananes dans le sirop. Laisser reprendre l'ébullition. Ajouter le jus de citron.
Bien mélanger. Maintenir une ébullition douce et régulière.
Remuer de temps en temps avec une spatule de bois.
Laisse cuire jusqu'au « perlé » (105°).
Retirer la bassine du feu. Mettre en pots et couvrir.

CITRON

Le citronnier est originaire de l'Inde, mais les meilleurs citrons du monde sont ceux des pays méditerranéens : Sicile, Tunisie, Espagne et, en France, la région de Menton.

Si le citron entre dans la composition de très nombreuses confitures pour apporter une acidité indispensable aux fruits qui en manquent, tout en relevant leur arôme, on fait avec le citron seul, une excellente confiture.

119 Confiture de citron

12 citrons, 1,500 kg de sucre, 3 verres d'eau.

Laver et brosser les citrons à l'eau chaude. Les jeter dans une bassine d'eau froide et les laisser tremper douze heures.
Le lendemain, plonger les citrons dans un faitout d'eau bouillante et laisser bouillir pendant trente minutes. Egoutter et laisser refroidir.
Couper les citrons en tranches fines, avec la peau, sur une assiette pour recueillir le jus. Retirer les pépins.
Dans la bassine à confitures, faire un sirop avec le sucre et l'eau. Cuire ce sirop à la « nappe » (100°).
Jeter alors les tranches de citron. Laisser reprendre l'ébullition rapidement. Réduire le feu et laisser cuire à petits bouillons jusqu'au « perlé » (105°).
Retirer la bassine du feu. Mettre en pots et couvrir.

120 Marmelade de citron

15 citrons, le même poids de sucre.

Laver et brosser les citrons à l'eau chaude. Les essuyer.
Couper cinq citrons en deux. Les presser. Conserver le jus et les écorces.
Couper les autres citrons en quatre. Les peler.
Faire bouillir à l'eau les écorces et les pelures de citrons.
Quand les peaux sont devenues tendres, sans toutefois s'écraser sous les doigts, les égoutter.
Hacher finement les peaux et les écorces.
Verser dans la bassine à confitures le jus des cinq citrons, le sucre, le hachis d'écorces et les quartiers de citron.

Mettre à feu doux. Laisser fondre lentement le sucre en remuant. Lorsque le sucre est fondu, activer le feu jusqu'à l'ébullition, puis le réduire pour obtenir une cuisson lente et régulière. Remuer souvent. Ecumer.
Laisser cuire jusqu'au « perlé » (105°).
Retirer la bassine du feu. Mettre en pots et couvrir.

121 Gelée de citron et de pomme

6 citrons, 1 kg de jus de pomme, 1,200 kg de sucre.

Faire un jus de pomme comme indiqué pour la gelée de pomme (voir recette n° 57).

Compter 6 citrons pour 1 kg de jus de pomme.
Presser le jus des citrons. Filtrer ce jus.
Mélanger le jus de pomme et celui des citrons. Peser ce mélange et peser 1,200 kg de sucre par kg de jus.

Faire un sirop avec le sucre et un verre d'eau pour 700 g de sucre. Cuire ce sirop au « boulé » (115°). Verser dedans le jus de pomme et citron. Cuire à la nappe (100°).
Retirer la bassine du feu. Couler la gelée dans les pots et ne les couvrir que le lendemain.

A l'anglaise

Les chutneys, condiments-confitures anglais, sont très amusants à inventer, en petites quantités, pour accompagner les viandes grillées. Il suffit de doser vinaigre, sucre et épices avec toutes sortes de fruits et de légumes : tomates, oignons, ail, gingembre, citron, céleri, piment, etc. Pour 1,500 kg de légumes et de fruits, il faut au moins 500 g de sucre et 70 cl de vinaigre.

GOYAVE

La goyave est le fruit du goyavier, commun dans les régions tropicales d'Amérique et d'Asie. Les variétés sont nombreuses et se distinguent par leurs couleurs, leurs formes et leur taille. La saveur de la goyave est assez fade, mais elle permet de préparer d'excellentes confiseries.

122 Marmelade de goyave

1 kg de pulpe, 500 g de sucre, 1 citron.

Eplucher les goyaves bien mûres. Les couvrir d'eau et les faire cuire à petits bouillons pendant quinze minutes.
Verser la marmelade sur le tamis de crin au-dessus d'une terrine et presser la pulpe avec le pilon.
Dans la bassine à confitures, verser la pulpe, le sucre et le citron. Faire chauffer doucement jusqu'à ce que le sucre soit fondu. Puis activer le feu et porter à ébullition. Baisser le feu et laisser cuire le mélange au « perlé » (105°).
Retirer la bassine du feu, mettre la marmelade en pots. Couvrir.

123 Gelée de goyave

750 g de sucre par kg de jus obtenu.

Laver les goyaves et les couper en morceaux, sans les éplucher. Les mettre dans un faitout, les couvrir d'eau et les faire cuire pendant quinze minutes.
Verser le contenu du faitout sur un tamis de crin, au-dessus d'une terrine, presser délicatement les fruits, afin d'exprimer tout le jus. Laisser égoutter pendant deux heures.
Dans la bassine à confitures verser le jus et le sucre et laisser cuire doucement pendant une heure. La gelée est prête lorsqu'une goutte posée sur une assiette fige en refroidissant.
Couler dans les pots et couvrir le lendemain.

GRENADE

Le grenadier, originaire d'Afrique, est commun en Europe méridionale. La grenade est un fruit globuleux, à enveloppe coriace.

Les graines, nombreuses, sont entourées d'une pulpe transparente, rouge, sucrée, acidulée et rafraîchissante. On trouve les grenades à partir du mois d'octobre.

124 Gelée de grenade

1 kg de grains de grenade, 1 litre d'eau, une demi-orange, 700 g de sucre.

Couper les grenades et en extraire la pulpe et les graines.
Avoir soin de ne pas mélanger les débris de l'écorce, très amère.

Mettre à cuire les grains de grenade avec leur poids d'eau, et le zeste d'une demi-orange pour 1 kg de grains.

Cuire pendant dix minutes puis verser sur un tamis de crin au-dessus d'une terrine. Presser et recueillir le jus. Le filtrer. Le peser et peser 700 g de sucre par litre de jus. Verser le jus et le sucre dans

Non à l'alcool

Une certaine mode veut que l'on ajoute des alcools et liqueurs aux confitures : du kirsch dans celle de cerises, du calvados dans la gelée de pomme, du rhum dans celle de l'ananas. Cette pratique nouvelle n'est pas à conseiller. En vieillissant, l'eau de vie masque la fraîcheur de goût des fruits et perd elle-même sa propre saveur, laissant seulement à la confiture un goût d'alcool.

la bassine à confitures. Chauffer doucement jusqu'à ce que le sucre soit fondu, puis activer le feu, porter à ébullition et cuire au « perlé » (105°).
Couler la gelée dans de petits pots. Laisser refroidir jusqu'au lendemain et couvrir.

MANGUE

Le manguier, originaire d'Amérique Centrale est largement cultivé en Afrique. La mangue est un fruit délicieux, encore assez peu connu, qui non seulement se consomme cru, mais qui permet de faire de délicieuses confitures.
Le noyau fibreux de la mangue est presque plat. Pour découper la mangue il suffit de trancher le fruit largement au-dessus et en-dessous du noyau.

125 Confiture de mangue à la créole

1 kg de mangues, 750 g de sucre, 3 citrons.

Découper la chair des mangues en cubes de un centimètre et demi de côté.
Faire macérer la mangue avec le sucre pendant une nuit.
Le lendemain, verser le contenu de la terrine dans la bassine à confitures. Faire chauffer doucement puis porter à ébullition. Ajouter alors le jus des citrons.
Faire reprendre l'ébullition et cuire doucement jusqu'au « perlé » (105°). Ecumer.
Retirer la bassine du feu. Mettre en pots et couvrir.

126 Confiture de mangue à la casamançaise

Procéder comme il est indiqué à la recette précédente.
Couper un citron en rondelles fines. Laisser macérer deux heures seulement. Faire cuire à feu moyen pendant une heure.
Mettre en pots et couvrir.

ORANGE

Les variétés d'orangers sont très nombreuses et les recettes de confitures d'oranges le sont aussi. Originaire de Chine, l'oranger est cultivé depuis fort longtemps et fait l'objet en Espagne, en Italie, en Afrique du Nord et au Moyen-Orient de très importantes cultures.

127 Confiture d'orange en quartiers

800 g d'oranges épluchées, 750 g de sucre.

Mettre à tremper pendant deux jours, dans l'eau froide, 10 oranges à peau épaisse. Renouveler l'eau matin et soir.
Mettre les oranges à cuire dans l'eau jusqu'à ce que l'écorce soit souple et tendre. Les rafraîchir. Les égoutter.
Eplucher les oranges et détacher soigneusement les quartiers.
Faire un sirop avec un verre d'eau pour 800 g de sucre. Le cuire à « la nappe » (100°).
Jeter les quartiers d'oranges. Laisser reprendre vivement l'ébullition, puis réduire le feu afin d'obtenir une cuisson lente et régulière.
Lorsque les quartiers sont devenus translucides et le sirop au « perlé » (105°), la confiture est à point.
Ecumer. Retirer la bassine du feu. Mettre en pots et couvrir.

128 Confiture d'orange en rondelles

12 oranges, 2 citrons, 2 kg de sucre, 2 litres d'eau.

Bien laver les oranges et les couper en fines rondelles sur une assiette pour recueillir le jus.
Mettre les rondelles d'oranges dans une terrine avec le jus des citrons, celui d'orange recueilli, et l'eau.
Laisser tremper vingt-quatre heures.
Verser le contenu de la terrine dans la bassine à confitures.

Ajouter le sucre. Chauffer doucement jusqu'à ce que le sucre soit fondu, puis laisser cuire à feu régulier et modéré pendant environ deux heures. Ecumer.
Mettre en pots et couvrir.

129 Marmelade d'orange

18 oranges, 2 citrons, 2,250 kg de sucre.

Faire tremper les fruits entiers dans une bassine d'eau froide pendant douze heures. Les essuyer.
Sur une assiette, les couper en tranches aussi fines que possible. Réserver les pépins et les réunir dans un sachet de mousseline.
Dans la bassine à confitures, verser les rondelles d'oranges et de citrons, le jus recueilli et le sachet de pépins. Verser deux litres et demi d'eau froide. Faire bouillir quarante-cinq minutes.
Ajouter alors le sucre et continuer la cuisson doucement en remuant de temps en temps pendant quarante-cinq minutes. Ecumer. Retirer le sachet de pépins. Mettre en pots et couvrir.

130 Dundee marmelade

12 oranges de Séville, 3 citrons, 5 kg de sucre, 5 litres d'eau.

Le premier jour, laver les fruits. Les couper en deux pour en recueillir les pépins. Enfermer les pépins dans une petite mousseline.
Couper les oranges en fines lamelles et les mettre dans une terrine avec quatre litres d'eau.
Mettre les pépins à tremper dans un litre d'eau.
Laisser reposer toute la nuit.
Le second jour, verser le contenu de la terrine et l'eau des pépins dans la bassine à confitures. Faire bouillir pendant une heure. Ajouter alors le sucre. Faire bouillir encore pendant trente minutes en remuant très souvent. Ajouter le jus des citrons. Donner encore un bouillon. Ecumer. Retirer la bassine du feu.
Mettre en pots et couvrir.

131 Confiture des trois agrumes

3 oranges, 2 pamplemousses, 1 citron, 2 kg de sucre, 2 litres d'eau.

Couper les fruits bien lavés et bien essuyés, en gros morceaux.
Mettre les fruits dans une casserole avec l'eau et faire bouillir pendant une heure et demi.
Egoutter les fruits. Les passer au moulin à légumes avec la grille la plus grosse. Les remettre dans le jus de cuisson, avec le sucre.
Verser le tout dans la bassine à confitures. Bien remuer.
Faire cuire pendant une heure à feu vif en remuant souvent.
Ecumer. Retirer du feu. Mettre en pots et couvrir.

PAMPLEMOUSSE

Gros agrume à peau jaune clair et à chair soit rosée soit légèrement jaune, le pamplemousse est originaire de Chine. Il est bien connu de tous et se trouve sur tous les marchés, pratiquement en toutes saisons, grâce à la diversité de ses lieux de production : Afrique du Nord, Afrique du Sud, Moyen-Orient, etc.

132 Confiture de pamplemousse

Prévoir même poids de sucre et de fruits épluchés, 1 citron.

Couper les pamplemousses en deux. Enlever le cœur et les pépins. Passer un couteau entre la pulpe et l'écorce et détacher la chair. La couper en dés réguliers. La peser. Peser le même poids de sucre et dans une terrine en saupoudrer la chair de pamplemousse. Ajouter le jus d'un citron. Laisser macérer ainsi, au frais, pendant vingt-quatre heures.
Le lendemain, verser le contenu de la terrine dans la bassine à confitures. Mettre à feu vif et faire bouillir.
Après dix minutes d'ébullition, retirer les fruits avec l'écumoire et les remettre dans la terrine.

Faire réduire le jus jusqu'à ce qu'il soit cuit au « perlé » (105°). Replonger les fruits. Faire reprendre l'ébullition et retirer du feu dès que le sirop est revenu au « perlé ». Mettre en pots et couvrir.

133 Marmelade de pamplemousse

3 gros pamplemousses, 2 kg de sucre, 2,5 litres d'eau.

Le premier jour laver les pamplemousses à l'eau froide. Les sécher. Les peler sans entamer la peau blanche et amère qui entoure le fruit. Détailler la peau en petits carrés de deux centimètres. Enlever la peau blanche. Séparer les pamplemousses en deux. Presser complètement le jus, sur le tamis de crin, à l'aide d'un pilon, au-dessus d'une terrine. Recueillir la pulpe pressée et l'enfermer dans une mousseline.

Ajouter assez d'eau au jus de fruits pour obtenir trois litres et demi de liquide. Mettre dans ce liquide les petits carrés de zestes et le sachet de mousseline. Laisser reposer ce mélange pendant douze heures, au frais.

Le second jour, verser le contenu de la terrine dans la bassine à confitures. Faire bouillir rapidement, puis mettre à feu doux pour laisser mijoter pendant deux heures. Remuer de temps en temps.

Retirer le sachet de pulpe. Ajouter le sucre et laisser cuire à feu doux jusqu'à ce que le sirop soit cuit au « perlé » (105°).

Retirer alors la bassine du feu. Ecumer soigneusement la surface de la marmelade. Remplir les pots. Couvrir aussitôt.

Confitures médicinales

Les confitures étaient autrefois fort employées en médecine. La gelée de coing est antidiarrhéique, celle de violette émolliente et béchique, celle de sureau laxative et antinévralgique. La confiture de carotte est dépurative, celle de cassis antirhumastimale, celle de rhubarbe purgative, celle de raifort antiscorbutique et la myrtille donne une meilleure acuité visuelle...

LE LAIT

Cette confiture ne peut entrer dans aucune classification: elle est la seule de sa famille... Mais c'est une recette classique, délicieuse et très nourrissante.
La confiture de lait ne peut pas se conserver très longtemps: il vaut mieux la garder au bas du réfrigérateur et ne la faire qu'en petites quantités à la fois.

134 Confiture de lait

3 litres de lait, 2,500 kg de sucre, 1 bâton de vanille.

Verser dans la bassine à confitures le lait entier, non écrémé, le sucre et la vanille. Bien remuer.
Mettre la bassine à feu assez vif, faire bouillir et tourner sans arrêt à l'aide d'une spatule, dès que le lait bout.
Réduire le feu et tourner pour éviter que la peau ne se forme sur le lait et que la confiture attache à la bassine.
Lorsque la confiture est cuite, elle a la consistance d'un miel épais et la couleur de la crème au caramel. A ce moment, elle tombe de la spatule en petites perles.
Retirer du feu, mettre en petits pots et couvrir.

Confitures de fleurs

Les ouvrages anciens donnent de très nombreuses recettes de confitures de fleurs, très appréciées alors et de nos jours, tout à fait abandonnées. Ainsi dans **Le Confiseur Moderne** *(1817) nous trouvons des confitures, marmelades, gelées et pâtes de fleurs d'oranger, de tilleul, violette, camomille, primevère, pétales de roses, jasmin, réséda, héliotrope et douce-amère.*

INDEX

Imprimé en France
par I.M.E. - 25110 Baume-les-Dames
Dépôt légal : Janvier 2000
N° impression : 13914